"十二五"国家重点图书出版规划项目

交通运输建设科技丛书·公路基础设施建设与养护

运营期路基安全监测与评价技术

陈东丰　凌建明　郑纯宇　等　著

人民交通出版社股份有限公司
China Communications Press Co.,Ltd.

内 容 提 要

本书依托交通运输部交通建设科技项目“运营期路基安全监测与评价技术”课题成果编写而成，主要阐述运营期路基安全的定义、路基安全机理、路基安全监测、路基安全监测数据分析方法、路基安全评价指标与标准、路基安全评价预警及养护管理等相关技术，并结合安全监测实体工程介绍路基安全监测方案设计、传感器选型及远程传输调试等内容。

本书可供从事公路路基设计、特殊路基施工、运营监测以及养护管理工作的人员参考使用。

图书在版编目(CIP)数据

运营期路基安全监测与评价技术 / 陈东丰等著. —北京 : 人民交通出版社股份有限公司，2014.8
(交通运输建设科技丛书. 公路基础设施建设与养护)
“十二五”国家重点图书出版规划项目
ISBN 978-7-114-11470-0

Ⅰ. ①运… Ⅱ. ①陈… Ⅲ. ①公路路基—路基工程—安全监测②公路路基—路基工程—安全评价 Ⅳ. ①U416.1

中国版本图书馆 CIP 数据核字(2014)第 124528 号

“十二五”国家重点图书出版规划项目
交通运输建设科技丛书·公路基础设施建设与养护

书　　名：**运营期路基安全监测与评价技术**
著 作 者：陈东丰　凌建明　郑纯宇　等
责任编辑：曲　乐　周　宇
出版发行：人民交通出版社股份有限公司
地　　址：(100011)北京市朝阳区安定门外外馆斜街 3 号
网　　址：http://www.ccpress.com.cn
销售电话：(010)59757973
总 经 销：人民交通出版社股份有限公司发行部
经　　销：各地新华书店
印　　刷：北京市密东印刷有限公司
开　　本：787×1092　1/16
印　　张：9.5
字　　数：210 千
版　　次：2014 年 8 月　第 1 版
印　　次：2014 年 8 月　第 1 次印刷
书　　号：ISBN 978-7-114-11470-0
定　　价：40.00 元
(有印刷、装订质量问题的图书由本公司负责调换)

总　序

近年来，交通运输行业认真贯彻落实党中央、国务院“稳增长、促改革、调结构、惠民生”的决策部署，重点改革力度加大，结构调整积极推进，交通运输科技攻关不断取得突破，促进了交通运输持续快速健康发展。目前，我国公路总里程、港口吞吐能力、全社会完成的公路客货运量、水路货运量和周转量等多项指标均居世界第一。交通运输事业的快速发展不仅在应对国际金融危机、保持经济平稳较快发展等方面发挥了重要作用，而且为改善民生、促进社会和谐作出了积极贡献。

长期以来，部党组始终把科技创新作为推进交通运输发展的重要动力，坚持科技工作面向需求，面向世界，面向未来，加大科技投入，强化科技管理，推进产学研相结合，开展重大科技研发和创新能力建设，取得了显著成效。通过广大科技工作者的不懈努力，在多年冻土、沙漠等特殊地质地区公路建设技术，特大跨径桥梁建设技术，特长隧道建设技术，深水航道整治技术和离岸深水筑港技术等方面取得重大突破和创新，获得了一系列具有国际领先水平的重大科技成果，显著提升了行业自主创新能力，有力支撑了重大工程建设，培养和造就了一批高素质的科技人才，为交通运输科学发展奠定了坚实基础。同时，部积极探索科技成果推广的新途径，通过实施科技示范工程，开展材料节约与循环利用专项行动计划，发布科技成果推广目录等多种方式，推动了科技成果更多更快地向现实生产力转化，营造了交通运输发展主动依靠科技创新，科技创新服务交通发展的良好氛围。

组织出版《交通运输建设科技丛书》，是深入实施创新驱动战略和科技强交战略，推进科技成果公开，加强科技成果推广应用的又一重要举措。该丛书分为公路基础设施建设与养护、水运基础设施建设与养护、安全与应急保障、运输服务和绿色交通等领域，将汇集交通运输建设科技项目研究形成的具有较高学术和应用价值的优秀专著。丛书的逐年出版和不断丰富，有助于集中展示和推广交通运输建设重大科技成果，传承科技创新文化，并促进高层次的技术交流、学术传播和专业人才培养。

今后一段时期是加快推进“四个交通”发展的关键时期，深入实施科技强交战略和创新驱动战略，是一项关系全局的基础性、引领性工程。希望广大交通运输科技工作者进一步解放思想、开拓创新，求真务实、奋发进取，以科技创新的新成效推动交通运输科学发展，为加快实现交通运输现代化而努力奋斗！

王君顺

2014 年 7 月 28 日

前　言

公路路基是指按照路线位置和一定技术要求修筑的带状构造物，是路面的基础，承受由路面传来的行车荷载。“安全”的路基应能在不同的气候环境、水文地质条件影响和交通荷载作用下，保持长期稳定性，使路面具有良好的使用功能。然而，伴随着高速公路建设逐渐向地形地质条件复杂、气候条件恶劣的地区不断延伸，受线形指标的制约，高填深挖、地质不良及低填浅挖路段十分普遍，加之不利气候条件和重载交通的影响，公路病害问题，尤其是路基塌陷、边坡滑移、冻胀融沉、差异变形及强度过度衰减等路基工程病害问题日益凸显。

运营期公路路基结构失稳不但会造成交通中断，使公路养护管理部门增加养护成本，给养护工作加大难度，更重要的是造成人员伤亡和严重的经济损失。因此，大力发展运营期路基监测和养护技术，实时把握运营期公路路基的安全性态，掌握路基是否会存在安全隐患及产生的规模有多大，什么时候可能会发生，以及针对可能发生的安全问题采取何种应对或加固措施等，变被动养护为主动维护，就成为人们最为关心，也是亟待解决的问题。

路基安全监测属于土木工程结构安全监测的范畴，结构安全监测技术最早应用于水电工程领域，然后在桥梁、边坡、地下结构等工程中相继开展。目前，公路路基安全监测只在施工期进行，运营期的路基安全监测及相关的研究基本没有开展。首先，在路基安全监测手段方面，除部分大型边坡工程开始采用自动监测技术和系统外，大多路基工程仍采用常规的人工监测手段，自动化程度不高，难以实现连续监测和实时预报，且测试进度受人为因素影响较大；其次，在路基安全监测数据分析方面，美国、前苏联、日本等国家以及国内铁路部门对于路基变形的预测和计算虽然已经拥有了各种理论和方法，但是它们在实际工程的应用中存在种种局限，因此需要讨论具体条件下方法的适用性，并加以改进，以提高预测精度；在路基安全评价指标和方法方面，路基安全状态的判定要能反映路基失稳破坏的临界指标，其中变形指标是对路基稳定状态的最直观反映，也是各因素对路基共同作用的综合体现，但由于路基受到土体内岩性、结构面特性以及环境特性的复杂影响，导致尚没有被普遍接受或认可的准则和方法；再有，在路基安全养护管理系统方面，伴随着公路建设的发展，国内外在公路养护技术和手段方面进步迅速，尤其是在路面、桥梁养护方面，研发出了适用于不同场合和工程需求的养护管理系统，相对而言，路基安全养护在技术和手段方面较为滞后，也没有相应的路基养护管理系统提供支撑。

从目前公路的实际运营状况来看，运营期路基由于发生过量不协调变形所导致的工程病害问题相当突出，对行车安全性和舒适性造成了巨大威胁，因此，开展运营期的路基安全监测就成为公路工程的一个迫切需求。

本书以交通运输部西部交通建设科技项目“运营期路基安全监测与评价技术”为依托，围绕运营期路基安全的内涵要求，进行了大量的调查、室内外试验及理论分析工作，获得了多项具有创新性的研究成果，达到了国际先进、部分国际领先水平，为运营期路基安全监测与评价提供了技术依据。项目研究中，在对运营期路基安全病害调研、分类的基础上，以路基安全机理分析为依据，建立了基于路基整体稳定和路面使用性能的路基安全监测技术与预警体系，以及典型工况条件下路基结构安全评价的指标与标准。项目组还自主研发了具有实时监测和无线传输功能的公路路基开裂位移采集装置，提出了路基开裂位移的采集方法，并经过在敦化草炭土监测路段长达 4 年的使用，证明该专利技术实用可靠。综合项目研究成果，开发了具备路基监测数据分析与预测、安全隐患判别、安全评价与预警、养护决策等功能的路基结构安全监测与养护管理系统。项目取得的研究成果已经用于鹤大公路草炭土不良地基路基稳定的长期性和连续性安全监测，为制订适宜的养护维修决策提供了科学依据；还用于长春至松原高速公路辅道低填路基在水、温、荷载共同作用下的安全性态及其变化规律持续监测，为研究季冻区低填方路堤在冻融及荷载作用下安全性态变化机理和制订行业技术标准提供了数据支持。

参加项目研究和本书撰写工作的人员有吉林省交通科学研究所暨季节性冻土区公路建设与养护技术交通行业重点实验室（长春）的陈东丰、郑纯宇、王书娟、秦卫军、陈志国、李冬雪，同济大学的凌建明、陈楠、钱劲松，重庆交通大学的陈葱琳。本书由陈东丰、凌建明、郑纯宇统稿。在编写过程中还参考了国内外专家与学者的理论、研究成果及资料，在此一并表示诚挚的感谢！

本书适合公路设计、施工、养护及管理人员在具体工作中使用，也可作为相关专业研究生、本科生的教学参考书。

由于运营期路基安全监测与评价技术刚刚取得了阶段性成果，随着研究的不断开展，有很多问题还需要时间的检验和进一步完善，加之时间和水平有限，不足之处在所难免，欢迎广大读者不吝赐教。

作　者

2014 年 2 月

目　录

第1章　概　述

1.1　研究背景和意义

近年来,我国公路建设取得了巨大的成就,公路建设向地形地质地貌条件复杂、气候条件恶劣的地区不断延伸,公路网的覆盖率不断提高,有效提升了公路的通达水平,有力保障了社会经济建设的快速健康发展。伴随着高速公路的快速发展,运营期道路的安全问题日益引起专家学者的广泛关注和高度重视。

路基是指按照路线位置和一定技术要求修筑的带状构造物,是路面的基础,承受由路面传来的行车荷载。对于路基而言,自公路正式通车开始,至大、中修或改扩建工程实施前,路基结构产生典型病害情况是运营期路基安全与否的显性表现。路基病害产生的原因复杂,与工程设计、施工以及运营期的养护管理整个过程密切相关。路基病害一方面会对公路造成破坏,严重威胁驾乘人员的生命安全;另一方面,路基病害会造成路面结构性能的损害,影响行车舒适性,增加养护维修成本。可见,解决公路路基病害问题是关系到我国高速公路事业健康发展的重大问题。

另外,许多典型路基病害事例表明,运营期公路路基结构失稳不但会造成交通中断,给公路养护管理部门增加养护成本,加大养护难度,更重要的是造成人员伤亡和严重的经济损失。因此,如何实时把握运营期公路路基的安全性态,掌握路基是否存在安全隐患及产生的规模有多大,什么时候可能会发生,以及针对可能发生的安全问题采取何种应对或加固措施等,变被动养护为主动维护,就成为业内人士最为关心,也是亟待解决的问题。

1.2　国内外研究现状及存在的问题

1.2.1　国内外研究现状

(1)路基安全监测

路基安全监测属于土木工程结构安全监测的范畴,结构安全监测技术最早应用于水电工程领域,然后在桥梁、边坡、地下结构等工程中相继开展。目前,路基安全监测只在施工期进行,运营期路基安全监测及相关的研究基本没有开展。但是,从公路的实际运营状况来看,运营期路基由于发生过量不协调变形所导致的工程病害问题相当突出,对行车安全性和舒适性造成了巨大威胁,因此,开展运营期的路基安全监测就成为公路工程的一个迫切需求。结构安全监测技术的核心内容通常有以下5个方面:安全监测的对象和目的、安全监测开展的工程条件、安全监测实施方案、监测数据分析方法、安全评价及预警方法。

(2)监测数据分析

很多岩土结构安全监测主要是通过对结构物各关键点位的变形监测来实现的,根据变形监测数据判定结构安全稳定状态,需要相应的理论基础和恰当的分析方法。通过总结美国、前苏联、日本等国家在监测数据分析方法领域所取得的成果表明,最常用的分析方法大致分为模型分析、反演分析以及安全综合评判分析等。

①监测数据的模型分析。

目前,普遍的做法是应用数理统计的方法对现有监测数据进行回归分析,是依据建立模型的趋势外延,因此不能考虑突发因素的影响。在 20 世纪 80 年代,国内一些学者和教授采用模型拟合的位移—时间曲线,提出了边坡失稳前总变形量和位移速率的综合预报方法、灰色系统拟合外推模型、滤波灰色分析方法、泊松旋回模型、黄金分割法,以及二次曲线回归拟合和灰色理论中生物繁衍的动态模型预测方法。此外,还有学者尝试了马尔科夫预报、模糊数学方法预报和图解法等多种方法,使滑坡预报的方法向定量化迈进了一大步。但是,这一期间存在的问题主要表现在:对观测数据的分析、处理,预报时序资料的选择,干扰信息的剔除与有用信息的增补等还认识不足,也没能综合考虑变形破坏与预报参数和稳定机制相联系,建立的模型大都是事后验证模型,并且由于变形失稳病害条件的多变性、复杂性,影响了通用效果和预报的精度。

②基于监测的反演分析。

反演分析(反分析)就是以现场量测到的反映系统力学行为的某些物理信息量(如位移、应变、应力或荷载等)为基础,通过反演模型(系统的物理性质模型及其数学模型,如应力与应变关系式等)推算得到该系统的各项或某些初始参数,最终建立一个更接近现场量测结果的理论预测模型,以便正确反映或预测结构或岩体的某些力学行为,及时反馈到设计、施工和管理中。

根据反分析时所利用的基础信息的不同,反分析法大体上分为应力反分析、位移反分析和混合反分析。目前,国内外研究表明应用反分析思想,通过位移信息,反演滑体的形态、滑面的位置、滑面的力学强度等是可行的。但是考虑监测数据的局限性,以及材料的非均匀性、非线性、断裂损伤的复杂性等,使得一般意义的反分析结果误差较大,所以有必要通过实体工程,在占有大量持续监测信息的基础上拓展延伸此方法,尤其是针对运营期路基的结构特性、工作特性以及损害机理等进一步发展反分析的思想和原理,评价和分析路基的安全储备。

(3)安全评价及预警方法

岩土结构的安全评价及预警必须基于监测指标类别、监测数据分析和处理方法以及安全监测目的。对于路基安全评价及预警而言,如何基于变形监测数据提出评价路基安全的指标和标准是关键。

路基的工作性能受工程地质、水文、气候等条件影响较大,同时与地基状况、路基填料、降水、荷载等密切相关,因为这些内在和外在因素的综合作用将会促使路基的工作性能发生不同程度的变化,所以需要建立适宜的评价指标体系和方法反映路基工作性能的状况。但是,关于路基工作性能状况的判定,还需要反映路基失稳破坏的临界指标,如应力指标和变形指标等,其中变形指标是对路基稳定状态的最直观反映,也是各因素对路基共同作用的综合体现。目前,由于变形指标(位移)包括变形量、变形方向以及变形的时间和空间变化可以通过监测直接获得，所以被广泛应用，但路基土体内岩性、结构面特性以及环境特性的复杂影响，导致尚没有形成被普遍接受或认可的准则和方法。因此，国内外的一些学者在努力探索极限变形指标的试验标定、采用测斜仪和变形计测得变形速率指标的界定，以及采用监测获得的位移时间蠕变曲线确定的变形速率角指标来推算路基结构的变形稳定性态。

关于路基的安全性评价，国内外学者进行了大量探索，包括采用系统工程、人工智能、灰色理论、突变理论以及模糊数学等一些先进实用的方法，综合考虑路基结构工程、地基工程、环境因素等，通过建立多层次、多目标的决策体系，进行综合评判，找出荷载集与效应集、效应集与控制集之间的确定性与非确定性之间的关系，再借鉴专家经验进行综合分析和推理，以判定结构体的稳定状态。这些方法具有一定的参考价值。

(4)养护管理系统

科学的路基结构安全监测与养护管理是实现"寓建于管"、"建管并重"思想的重要技术保障。目前，由于现行规范没有明确路基结构安全的评价标准和养护标准，使养护决策依据模糊，养护方案选择只能根据管理者的养护经验确定，因此国内外已有的各种公路管理系统，均没有将路基结构安全监测、评价和养护管理纳入系统，无法运用现有的公路管理系统对路基结构进行安全监测、评价及养护，所以有必要研究开发一套专门用于路基结构安全监测与养护管理系统，实现公路基础设施运营养护的现代化管理。

1.2.2 存在的问题

根据国内外研究现状，提出运营期路基安全监测与评价技术方法体系需要解决以下几个方面的问题。

(1)运营期路基安全的定义

运营期路基安全的定义直接影响到项目研究的范围、深度和广度。范围过大，易与路基边坡安全交叠，抓不住重点；范围太小，无法合理判别运营期路基安全问题。运营期路基安全是指在不同气候环境、水文地质条件影响和交通荷载作用下路基结构不出现塌陷、边坡滑移、冻胀融沉、差异变形及强度过度衰减等病害，也是衡量路基安全的标准与外在表现。如何更深刻地体现其本质尚未见到有关报导，但这是开展运营期路基安全研究应首先解决的问题。

(2)运营期路基安全监测的具体对象

在运营期，不可能对每个路段都进行安全监测，需进行筛选和确定。因此，监测工作开展之前必须要对全线进行周密调研，确定哪些路段已经发生了安全病害，哪些路段存在发生安全病害的隐患。实际上，很多存在安全病害隐患的路段在施工期就已经进行过监测，如果能将施工期监测和运营期监测相衔接，一方面可以获取反映路基全过程安全性态的监测信息，另一方面也节省了人力物力，减少了对运营期公路的人为破坏和干扰。

(3)运营期路基安全监测的内容

运营期监测的开展方式不可以照搬施工期监测的模式。这是因为运营期监测与施工期监测存在明显差异，这种差异突出体现在两个方面：一是现场监测的手段，二是数据采集的方式。

施工期路面没有铺筑，现场监测手段主要是在路基各关键点位埋设监测元件，以获取反映路基性能的各项参数。实践证明，这种监测手段稳定、可靠，也可以在运营期监测中采用。然而,公路投入运营之后,路面已经铺筑,车辆开始通行,在路基中埋设过多的监测元件势必会对路面结构造成损坏,也不利于公路的畅通运营。为了解决这一问题,将探讨在运营期监测工程中引入路基无损检测技术。

施工期监测主要采用人工采集数据的方式,这种方式并不适用于运营期。病害路段通常在公路全线呈点状分布,相距较远且大多地处荒郊野外,派工作人员频繁去往现场进行数据采集是不现实的。为了解决这一问题,项目组集成研究了适用于运营期的监测数据自动采集和远程传输的方法。

(4)分析模型和方法

路基监测数据有其自身的特点,只有采用适宜的分析模型和方法才能够认识路基安全病害的成因机理,掌握路基结构目前的安全状态及发展趋势。根据研究现状可知,路基变形监测数据的预测主要有建模计算方法和根据实测数据拟合预测方法。路基安全监测可以在运营期连续不断地获得反映变形变化趋势的监测序列,适合采用实测数据回归预估的方法对路基变形进行快速分析和预测。目前,能够用于路基变形回归预测的模型有很多,但是并不存在一种方法或者模型能够在任何条件下都适用,因此,有必要研究和提出适用于运营期路基变形监测数据分析预测的较佳模型。

(5)路基安全评价指标及标准

监测的最终目的是为了对路基安全进行评判,在适宜的时机对可能发生的破坏现象进行预警并进行处理,这也是整个研究的落脚点。所以,开展研究必须根据路基安全病害的破坏机理和模式,结合运营期监测的参量,提出合适的安全评价指标,并且根据破坏的临界状态制订安全评判标准。提出合理的评价指标和标准是实现路基安全评价及预警的关键。

(6)运营期路基安全养护管理系统

依托计算机工作站、网络技术开发系统程序是公路运营管理发展的必然趋势,运营期路基安全监测与评价技术研究应符合这一发展规律,从而实现现代化、标准化及智能化,尽早地应用于工程实践,发挥作用。

综上所述,本书将吸收相关领域安全监测的先进技术,同时也将充分借鉴路基工程近年来所取得的丰富成果,提出一套适用于运营期的路基安全监测与评价技术体系。

1.3 主要研究内容和目标

1.3.1 主要研究内容

本书针对我国公路建设的发展趋势和技术需求,在借鉴国内外相关研究成果的基础上,结合公路路基结构变形失稳病害隐患具体情况,对运营期路基安全监测技术、数据分析方法、路基安全评价标准及路基安全的预警与养护对策进行深入研究。主要研究内容如下。

(1)运营期路基安全特征及机理

根据不同类型路基安全问题的特征和表现形式,提出运营期的路基安全是指路基结构在运营过程中所发生的变形不超过安全的临界状态,并将其归纳为三种类型,即路堤失稳安全病害、软基路堤工后不均匀沉降安全病害、季冻区低填浅挖路基冻胀融沉安全病害。路基安全机理是确定监测方案和评价方法的基础，不同条件下路基结构发生的安全病害类型不同、成因机理也各有差异。在已有研究成果基础上，归纳整理各种典型路基安全病害的成因及发展规律，为安全监测方案的制订及安全评价指标标准的确定提供理论依据。

(2)路基安全监测方案及监测系统的集成

在路基安全机理分析的基础上，针对不同条件下路基安全病害提出了运营期的监测方案(包括监测项目、测点布设位置、监测周期、监测手段等)。通过调研已有监测、检测及传输技术，并充分考虑埋设监测元件对既有工程的影响及人工数据采集的弊端，建立了基于电感式原理、具有实时监测和无线传输功能的公路路基开裂位移采集装置。根据运营期路基安全监测的要求，提出了监测与检测、运营期监测与施工期监测相结合的思想，并以试验路段为例介绍了监测系统的集成过程。

(3)路基安全监测数据预处理及分析方法

路基监测数据不可避免地存在误差，依据路基等岩土体在环境和荷载作用下的变形特点，提出了监测数据预处理的原则和粗略的判别和处理方法，并以某监测工程为例，采用莱茵达法和未确知有理数滤波法进行了应用和验证。针对典型路基工况和安全病害类型，在数理统计回归分析法、灰色理论方法等岩土安全监测数据分析方法的对比分析后，根据路基安全评价的要求及监测信息的类型，提出了与其相适应的分析模型与方法，并采用工程实例进行验证，效果良好。

(4)路基安全评价指标与标准

路基安全监测项目较多，但路基变形是最直接的体现。以满足路基结构稳定性要求和路面结构使用性能要求为依据，在两者破坏模式分析的基础上，比选各种变形指标，从路基安全监测和数据分析技术、行业规范要求以及工程经验及普遍认可的做法等多方面依据出发，制订了一套针对典型路基工况和不同安全问题类型的结构安全评价指标和标准体系，作为路基安全评价和预警的基础和关键。

(5)路基安全预警及养护对策

根据路基安全监测数据，及时反映路基现状和发展趋势并采取一定措施防止不利事件发生是路基安全监测的最终目标，依据路基安全评价标准将路基分成了不同的安全状态，划分了预警等级。在当前路基典型养护对策归纳分析的基础上，提出运营期路基安全养护的原则，并结合运营期路基处治典型案例，提出运营期路基安全养护对策。

1.3.2 总体目标

针对运营期路基安全监测的特点和基本任务要求，以典型路基工况和安全病害类型为对象，通过路基安全病害调研与机理分析，遴选合理的现场监测项目，并集成研发监测系统，确定安全评价的指标、标准和基于变形理论的路基失稳预测方法，开发基于安全监测的路基结构养护管理系统，为运营期路基安全监测和养护决策提供技术依据、硬件支持和软件手段，提高和保障安全监测的有效性、数据分析的合理性以及信息反馈的时效性。

第 2 章　运营期路基安全特征及机理

道路工程对路基的基本要求包括三个方面：一是整体稳定，二是变形小，三是良好的耐久性。运营期的路基一旦发生整体失稳，或者过量的变形，尤其是不协调变形，就会直接导致路基路面结构体系的破坏，威胁行车安全，严重影响道路的正常使用。

一般而言，土木工程的结构安全是指结构不产生整体或局部失稳，或者过量变形而影响正常使用和运营安全的状态。因此，路基安全的内涵涉及两个方面：一是路基整体稳定安全，二是保证路面正常使用的路基变形安全。虽然路基稳定是一个强度概念，但仍与路基变形密切相关，所以，路基安全的本质是不过量的路基变形。因此，运营期路基安全是指路基结构在运营期所发生的变形，不致造成路基整体失稳或严重影响路面正常使用的状态。

2.1　运营期路基安全病害特征及原因

运营期发生的影响道路行车安全的路基、路面病害的表现形式多样，成因机理也各不相同，不同区域有不同的特点，以下分西南地区、西北地区以及东北地区进行介绍。

2.1.1　西南地区典型路基安全病害

(1)SW1 号高速公路

SW1 号高速公路全长 652km，路线大部分穿越山岭重丘地区，修筑了较多的高填方路堤，并且这些路堤多处于山间沟谷和斜坡地带，所在区域多年平均降雨量达 2 205mm，日最大降雨量可超过 400mm，路基的沉降和稳定安全病害问题备受关注。

该高速公路竣工验收后的第 4 年，有关部门对其中一些典型高路堤进行了较为细致的安全病害调查，并且对病害路段开展了有针对性的路基沉降监测工作，获得了大量的路基工后沉降监测数据。12 个典型高路堤位置及填方高度见表 2.1。根据断面形式，将这些高路堤分为四类(图 2.1)：一般高路堤(表中序号 2、4、5、9、10、12)、斜坡路堤(表中序号 1、8、11)、长条形半填半挖路堤(表中序号 3、7)、挡墙式半挖半填路堤(表中序号 6)。

典型高路堤一览表　　表 2.1

序　号	统一里程桩号	原施工桩号	填方高度(m)
1	K727+800～K727+950	K5+300～K5+450	26.50
2	K667+300	K66+200～K66+475	31.49
3	K412+090～K412+250	K247+900	14.00

续上表

序　　号	统一里程桩号	原施工桩号	填方高度(m)
4	K419+500	K239+606	18.13
5	K424+500～K424+700	K234+506	16.00
6	K430+900	K227+920	36.00
7	K432+600	K226+220	35.00
8	K447+200	K211+583	36.10
9	K447+800	K210+080	26.41
10	K448+950	K209+915	20.43
11	K465+720	K193+120～K193+460	28.77
12	K467+550	K191+325	26.00

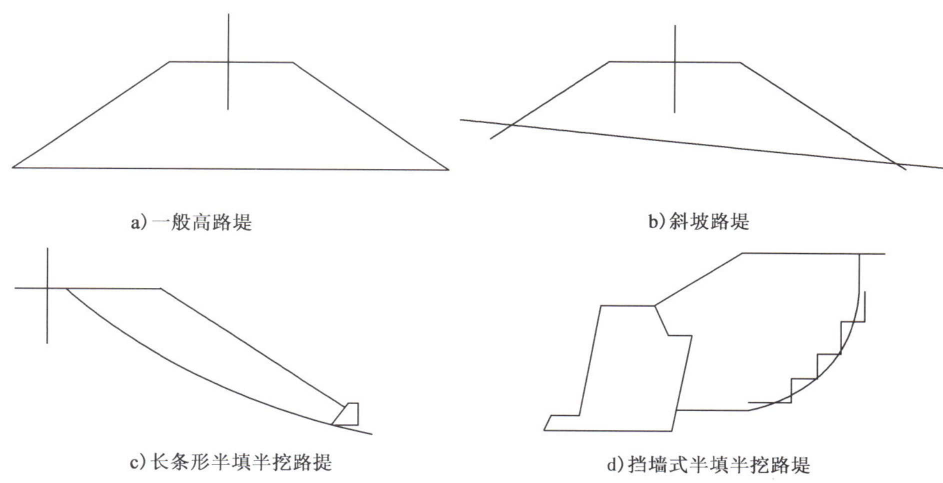

图 2.1　1 号高速公路的典型路堤结构形式

高路堤路基大部分填料为含砾低液限土、低液限黏土、黏土质砂等，其工程物理性质见表 2.2。其特点为天然含水率低，易压实，强度高。

路基填料工程性质　　表 2.2

含砾量(%)	最大干密度(g/cm^3)	最佳含水率(%)	液限(%)	塑性指数	CBR(%)	膨胀量(%)
20～70	1.8～2.15	7～15	25～40	11～20	8～40	1～4.4

填料的工程性质较差的路段为：K727＋800～K727＋950 段、K412＋090～K412＋250 段，部分使用了高液限黏土和含砾高液限黏土，其液限达 56.2%，CBR 为 3.2%，膨胀量达 6.2%；K432＋600 在上部几米填方施工中使用了隧道弃渣，多为硅质灰岩、炭质泥岩夹黏土，土质潮湿、杂乱，不易压实；K465＋720 和 K467＋550 部分使用高液限黏土、炭质泥页岩填筑，是填料质量最差的路段。炭质泥页岩的 CBR 值、密度均较大，但一旦遇水就会泥化，并且其固结

沉降所需的时间长，引起的差异沉降大，是一种工程质量较差的填料。

大部分高路堤的基底为岩石，承载力较好。基底为软基的有 K727＋800～K727＋950 段、K667＋300 段、K465＋720 段、K467＋550 段。对软基均采取了清淤、挖除并回填片石以及土工织物包裹砂砾做排水盲沟的方法，局部采用了抛石挤淤的方法。其中，后两段的软基清理不彻底，特别在 K465＋720 段，对软基只清理到路基宽度范围内部分（25m），而边坡对应的地段（50～60m）却没有清理或只做简单的抛石挤淤处理。

在上述 12 个高路堤段中，只有 4 个路段在运营期的沉降量很小，路面基本无裂缝，接缝无变形，分别是 K667＋300 段、K419＋500 段、K447＋800 段和 K448＋950 双拱涵段，各断面损坏情况统计如表 2.3 所示。4 个没有损坏的路堤断面形式都为一般高路堤，与不均匀沉降观测结果是相符合的。除序号 6、8 两段在施工后期采取了处置措施，后期观测没有较大变形外，其余损坏路段虽已采取了压浆、锚固、换路面板等措施，但在后期的观测中，仍存在纵横向裂缝、路面板错台、路肩下沉等影响运营期安全的病害。

路段损坏情况一览表 表 2.3

断面形式	包括路段	有损坏的路段	原因分析
一般高路堤	2、4、5、9、10、12	5、12	5 段桥头填土不均匀沉降； 12 段水库软基压缩变形过大
斜坡上的高路堤	1、8、11	1、8、11	1、8、11 段排水不善； 11 段存在软基
长条形半填半挖高路堤	3、7	3、7	3 段为古滑坡地基且填料不佳； 7 段排水不善
挡墙式半填半挖高路堤	6	6	6 段排水不善且压实不好

（2）SW2 号高速公路

SW2 号高速公路全长 1 400km，采用沥青混凝土路面。调研时发现，出现路面裂缝或塌陷等安全病害的段落共有 4 处（表 2.4），其中 3 处都是由于地基的原因造成，另一处则是斜坡上高路堤自身稳定性不足造成。由此可得出结论：特殊的地形地质情况是造成路基失稳安全病害的主要原因之一；而高填方处，尤其是斜坡地基上的高填方自身稳定性不足也容易导致路基失稳。

SW2 号高速公路路基稳定和不均匀沉降问题调研结果 表 2.4

段落桩号	中心填高（m）	断面形式	破坏现象	主要原因分析
K22＋960～K23＋010	7	一般路堤	纵向路面裂缝，距路基顶边缘 2～3m 处，长度约 20m	地基未处理好
K70＋500～K70＋600	10	一般路堤	纵向路面裂缝，距路基顶右侧边缘 2.5m 处	地基未处理好，挡墙出现位移
K70＋620～K70＋670	15	斜坡路堤	纵向路面裂缝，距路基顶右侧边缘 4.0m 处	路堤自身稳定性不足
K70＋830～K70＋950（滑坡段）	—	路基挖填均有	路基塌陷	选线未探明地基情况，路基处于蠕变状态滑坡的中上部，属于地质不稳定段

(3)SW3 号高速公路

SW3 号高速公路全长超过 140km,地处潮湿多雨地区,路面为沥青混凝土路面,全线 8m 以上高路堤 30 多处。北段超过 60km 的路堤位于沟谷相软土地基,填筑了膨胀性填料(部分含砾石的粉质黏土),南段超过 70km 则位于斜坡地基上。在平原区的超过 20km 范围内,填料主要是含砾石的粉质黏土,粗粒含量在 10%～45%,含水率在 24.16%～24.79%,平均为 24.48%;其余主要是页岩,粗粒含量在 30%～80%,含水率在 22.12%～25.99%,平均为 23.98%。

全线路堤出现路面裂缝和不均匀沉降的路堤有 10 多处,其中有代表性的 11 处路堤均位于北段(表 2.5)。从破坏现象上看,主要是路堤变形较大引起的路面开裂和不平整(不均匀沉降)。其原因为:一是采用了带膨胀性的填料引起的路面开裂,裂缝发生在距路基顶边缘 2～3m 的范围内,长度几米至几十米不等;二是北段施工期紧迫,未按实际施工工期调整处理方案,仍按原定设计采用塑料排水板,且在施工中未严格控制好路堤填筑速率,造成路堤变形大引起路面不均匀变形和填挖交界处出现路面横向裂缝,个别路堤甚至在施工中就出现了滑动破坏;三是对斜坡地基上的路堤未处理好填挖交界面,从而导致路面开裂和出现不均匀变形。

SW3 号高速公路路堤稳定和不均匀沉降情况 表 2.5

段落桩号	中心填高(m)	断面形式	破坏现象	主要原因分析
K5+260～K5+400	8.0	一般路堤	路面纵向裂缝	带膨胀性填料
K15+270～K15+620	15.0	一般路堤	路面纵向裂缝	带膨胀性填料
K16+150～K16+300	7.0	一般路堤	路面纵向裂缝	带膨胀性填料
K17+160～K17+860	13.0	一般路堤	填挖交界横向路面裂缝 纵向路面裂缝	带膨胀性填料
K43+450～K43+720	25.0	一般路堤	路面不平整	沟谷相稻田软基
K49+000～K49+220	16.0	一般路堤	路面不平整	沟谷相稻田软基
K49+620～K49+880	20.0	一般路堤	路面严重不平整,且有纵向裂缝	沟谷相稻田软基
K51+260～K51+470	9.0	一般路堤	路面不平整	沟谷相稻田软基
K51+580～K51+820	14.0	斜坡地基路堤	路面不平整,且有纵向裂缝	填挖交界未处理好
K52+180～K52+680	11.0	斜坡地基路堤	路面不平整,且有纵向裂缝	填挖交界未处理好
K53+520(桥头填方)	7.0	一般路堤	路面不平整,且有纵向裂缝	地基中存在软弱层

(4)SW4 号高速公路

SW4 号高速公路全长 208km,为沥青混凝土路面,全线 8m 以上高路堤 200 多处,大多数为沟谷相软基路堤,20m 以上高路堤 20 多处,填料主要为页岩。其中,填方高度最高的段落有

33m(K21+785～K22+000 段)，软基上填方高度超过 15m 的段落有 28 段，软基处理中采用了碎石桩、排水板、换填、垫层、反压护道、加筋等措施。

一些段落路面通车后的裂缝和破坏情况见表 2.6。从表中可看出，造成该高速公路较为严重的路基安全病害的原因包括：

①原地基强度不足，路基长期水平和竖向变形引起的病害(占调查路段的 54%)；

②由于地勘工作不准确造成的工程事故(占调查路段的 30%)；

③由于水文环境变化(雨季、洪水)引起的沉降病害(占调查路段的 30%)；

④半填半挖(斜坡)路基的沉降差异裂缝(占调查路段的 46%)；

⑤由于地基、路堤沉降造成的局部差异沉降引起的路面裂缝(占调查路段的 30%)；

⑥底基层、基层材料的自身裂缝(占调查路段的 16%)。

SW4 号高速公路高填方路堤通车后裂缝和破坏情况 表 2.6

序号	起讫桩号或中心桩号	类 型	填料及病害
1	K21+875～K22+020	软弱地基，h=32.3m，土工格栅，反压护道	砂岩、页岩土石混合填料，路基无异常状况
2	K28+100～K28+300	斜坡，半填半挖路堤一侧有挡墙	泥页岩、表土填料，纵向裂缝，有侧滑趋势
3	K61+270～K61+450	斜坡路堤	泥页岩填料，涵洞出现洞身开裂，有滑移现象
4	K72+900～K73+300	软弱地基，h=26.5m	砂岩、页岩土石混合填料，无异常状况
5	K85+330～K86+000	软弱地基，h=16.97m，反压护道，排水板	泥页岩填料，施工期间沉降量大，通车后有纵横向裂缝
6	K94+845～K95+025	软弱地基，h=18.22m，反压护道，排水板	泥页岩填料，施工期间底基层产生膨胀裂缝
7	K102+400～K102+650	陡坡半填半挖路基	泥页岩填料，原路基施工期间有横向裂缝与纵向裂缝
8	K118+620～K119+600	软弱地基，临河路堤	泥页岩、表土填料，其中，K119+300～K119+600 有滑移现象，并有纵横向裂缝
9	K147+300～K147+480	软弱地基，高填方	泥页岩填料，沉降较大，有纵横向裂缝
10	K151+500～K152+240	软弱地基，h=18.56m	泥页岩填料，基层有明显裂缝，面层有横向裂缝
11	K154+870～K155+170	软弱地基，h=22.43m，反压护道，排水板	泥页岩填料，纵横向裂缝
12	K167+140～K168+500	高路堤，滑坡	泥页岩填料，施工期间开始到通车后，一直有纵横向裂缝，缝宽大于 1cm，坡面出现鼓起现象

续上表

序号	起讫桩号或中心桩号	类　型	填料及病害
13	K178+100～K178+300	软弱地基，h=16.58m	泥页岩填料，施工期沉降较大
14	K179+040～K179+240	软弱地基，h=19m	泥页岩填料，施工填筑到13m高时，出现滑动破坏。原地勘资料失误
15	K180+460～K182+000	高路堤，h=15.4m	泥页岩填料，施工填筑到13m高时，出现滑动破坏。原地勘资料失误
16	K184+100～K184+540	高路堤，h=15m	泥页岩填料，施工期间纵横向裂缝较多
17	K193+700～K194+700	软弱地基，高填方	泥页岩填料，原路基沉降较大

注：h代表填方高度。

2.1.2　西北地区典型路基安全病害

(1)NW1号高速公路

NW1号高速公路全长超过140km，1995年建成通车，为柔性路面，基层为水泥稳定碎石，底基层为石灰土和水泥石灰土。建成通车后，管理部门陆续进行了路面修补工作，因此，现场调查中发现路面开裂和路堤破坏的段落不多。出现路面开裂的3个段落基本情况见表2.7。由表可知，出现路基安全病害的主要原因包括：一是填料选择不合理，二是排水设施欠缺，三是沟谷地带的路基压实不够。

NW1号高速公路路堤破坏情况　　表2.7

段落桩号	中心填高(m)	断面形式	破坏现象	主要原因分析
K446+750	7.0	半填半挖	横向裂缝，位于纵向填挖接合部	路线右侧洼地排水未处理好，填挖接合部也未设盲沟
K449+700	10.0	半填半挖	横向裂缝，位于纵向填挖接合部	路线右侧洼地排水未处理好，填挖接合部也未设盲沟
K508+100	5.0	半填半挖	纵向裂缝，距路基顶边缘5m左右	路线右侧洼地排水未处理好，路堤稳定性不足

(2)NW2号高速公路

NW2号高速公路全线采用平原微丘区高速公路标准，全长246.5km，2000年建成通车。至2010年，路面陆续出现诸如破损、纵横向裂缝、沉陷、桥头跳车等病害，影响路面的使用性能。原高速公路施工期间分为十四个招标合同段，2001年7月开始，发现四标、九标、十一标、十二标和十三标路段的路段内里面出现横向裂缝、纵向裂缝以及路基下沉造成的路面波浪起伏，问题严重的十二标、十三标路段出现中央分隔带纵向开裂和半幅路基下沉，个别涵洞、通道也有下沉，调研结果见表2.8。经挖探，该路段发生的路基沉陷安全问题的最主要原因是雨水、地下水侵入路堤内部以及排水不良造成路基湿度过大造成。

NW2号高速公路问题标段调研情况　　表2.8

原施工标段	起 讫 桩 号	长度(m)	安全问题特征
十二标	K4372+000～K4373+000	2 000	路基高度1.8～4.0m。路面波浪起伏，起伏高差5～8cm，最大15cm。多横向贯穿裂缝，裂缝间距9～40m，缝宽0.3～1.0cm，最大缝宽1.2～2.0cm。非湿陷地基，湿陷系数δ_s=0.000 7～0.001 6
十三标	K4391+000～K4397+000	6 000	路基高度0.65～4.2m。路面波浪起伏，部分构造物沉陷，横向贯穿裂缝和纵向裂缝同时存在。Ⅰ级非自重湿陷地基，湿陷系数δ_s=0.023 9～0.096 3

(3)桥头引道路段

调查的某一级路和某过境高速公路车流量较大，是重要的交通干线，具有不可替代的交通疏导作用，两条公路运营不久均出现了较为严重的桥头引道沉降安全病害。

①某一级路。

某一级路双向六车道，路面结构采用沥青混凝土面层、水泥稳定砂砾基层、灰土底基层，1999年9月全线竣工通车。天然地基一般路基仅在部分路段加铺砂砾石垫层；桥梁多采用钻孔灌注桩基础，持力层选取风化岩或砂砾层，台背回填料采用砂砾石；对于低路堤和挖方路段，则采用水泥土、石灰土或二灰处理地基，然后加铺砂砾石垫层和二灰碎石基层；全线边坡采用草皮护坡，明沟排水。

该公路在建成不到一年，部分桥头引道就因为沉降过大，路、桥接合部出现了严重的错台和桥头跳车现象，不得不进行修补，通车三年，有些桥头引道已进行了3～4次填补，厚度超过50cm；另外，引道段路基也出现了较大面积的不均匀沉陷，路面出现凹陷和破碎，或者产生严重的横向贯通裂缝(宽度一般在5～10mm)，并且还有继续扩大的趋势，严重影响了道路的正常使用功能。该路段5个典型桥头引道安全病害的调研结果如表2.9所示。

某一级路桥头引道路段安全病害调研结果　　表2.9

病 害 位 置	高度(m)	安 全 病 害
路桥接合部	4	连接基本平顺，伸缩缝沿其纵向有开裂和脱落，桥台和桥梁接合处防撞体有竖向裂缝
路桥接合部	10	引道部分沉降严重，较桥面低20cm以上，虽经4次修补，修补范围也超过20m(自桥台向两侧延伸)，但仍有桥头跳车现象，且沉降还在继续；引道路面局部有凹坑，并且破裂；路面沿分割带出现较长的纵向开裂
引道段路堤	0～1.5	路面大面积松散破坏，修补率15%左右；中间车道有明显车辙；有较多的凹坑和蘑菇突起；每50m左右一道横向贯通裂缝，裂缝宽度5mm
路桥接合部	6～8	台背沉陷断裂，裂缝宽度近1cm；差异沉降超过10cm
引道段路堤	5～10	每15～20m一条横向贯通裂缝，宽度5mm左右；无其他破坏现象

②某过境高速公路。

某过境高速公路1998年3月动工，当年年底通车，双向四车道或六车道，主要可以分为高架桥和高路堤两种断面类型。该路采用沥青混凝土路面、二灰碎石半刚性基层；地基主要采用砂砾垫层、土工格栅复合砂砾和振动碎石桩等处理方法；路堤回填采用素土、砂砾＋土工格栅＋土、砂砾＋土工格栅＋粉煤灰或砂砾等多种回填方式；边坡防护采用拱形浆砌水泥砖防护，明沟排水。

从目前情况看，用粉煤灰回填的桥头引道状况相对较好，差异沉降一般不超过 5cm，而用土或砂砾回填的，个别引道差异沉降超过 20cm，虽经多次修补，但仍存在较为严重的“桥头跳车”现象；引道段高路堤部分路况相对较好，从现场看，虽存在一定的沉降量，但由于是整体均匀沉降，而且边坡稳定性良好，除局部有些路面松散破碎外，并未发生较大的病害。

根据调查目的及要求，结合调查道路的现状，选取了有代表性的两个路段进行具体分析研究，调查结果见表 2.10。

某过境高速公路桥头引道路段安全病害调查结果　　表 2.10

断面类型	高度(m)	安全病害
桥头引道	8～10	沉降均匀，路面较好，伸缩缝完好，桥头差异沉降在 3cm 以内，桥头跳车现象轻
	5～8	引道部分沉降均匀，路面基本完好；桥头处有一定的差异沉降，在 5cm 左右，有跳车现象；伸缩缝有明显开裂和破坏现象

2.1.3　东北地区典型路基安全病害

(1)NE 某高速公路

NE 某高速公路为二级公路标准，于 2010 年秋季通车，双向二车道，路面宽度 9m。该条公路重载车辆多，交通量大。

调查发现，多路段外轮迹带处存在显著沉陷，伴随横纵向裂缝(图 2.2)，以及部分路段路面呈现侧向推移。K606＋205 处于 2011 年春季经过刨铣，2012 年 5 月调查时图 2.3，依然出现明显的沉陷与侧向推移。

a)沉陷

b)横纵向裂缝

图 2.2　典型病害

南北方向路段曾经过大规模翻修，病害以横缝为主，横缝间距约 15m，在 K107＋300～K109＋400 段偶有沉陷，无翻浆，K63＋800 处发现翻浆路段。如图 2.4 所示，K604＋205 断面行车道边缘沉陷处距路面 1.6～1.8m 深度存在冰层晶体。

a)

b)

图 2.3 路面推移

a)

b)

图 2.4 K604+205 沉陷处冰层晶体

(2)NE 某一国道公路

该路段于 2005 年扩建后通车，双向二车道，二级公路。K721+000～K723+000 段为半填半挖路段，地基为草炭土，分别设置 8 类路基处治试验段：①反压护道；②土工格栅；③土工布；④土工格栅+砂桩；⑤换填砂砾；⑥土工格栅+EPS 板；⑦土工格栅+泡沫塑料块；⑧直接填筑段。路基填料均为采自附近山体的山砂。

路面病害以纵向与横向裂缝为主，伴随有网裂出现。部分路段为老路拓宽路段，在拓宽路段的拼接面处存在明显的纵向裂缝。K710+000～K713+000 全路段路面有纵向开裂出现，部分段开裂宽度达到 5cm，并出现了沉陷。该路段地基为草炭土，初步判断为路基基底滑移或路基滑移引起路面纵向裂缝。

(3)NE 某边防公路

NE 某边防公路设计标准为山区二级公路，全长 67.7km。经现场调查，路基塌陷、沉降和融沉等病害是全线分布最广、对道路通行及行车安全影响最大的病害表现形式。部分路段塌陷区分布连续，造成路面上下起伏呈波浪状，严重影响行车安全，特别是雨季道路湿滑，下边坡路堤高度大，容易诱发严重交通事故。

其中共有 93 处不同规模的塌陷，分布在 K26＋000～K68＋000 路段内，并且随着海拔高度的增加呈现出分布间距减小且不均匀，塌陷的规模也逐渐增大。有的塌陷区沿路线纵向长达 64m，沉陷区平面呈梯形或圆弧形，即梯形横断面方向两侧宽度不相等，如图 2.5、图 2.6 所示。

a)

b)

图 2.5 未经处治的沉陷区

a)

b)

图 2.6 经简易处治的沉陷区

全线路基融沉、塌陷段分布广，除了表现为引起路面局部或整体不均匀下沉外，有的沉陷区较深，从而导致沥青路面沿塌陷区边缘出现开裂，诱发其他路基病害的发生。

另外，路基、边坡、路肩等冲刷破坏也是路段常见的破坏形式。由于全线火山灰、火山渣等资源丰富，沿线大型火山灰料场共有 4 处，路基和路肩填料也多为火山灰和碎石土等材料填筑。火山灰、火山渣材料为无黏结轻质多孔材料，在雨水作用下极易发生冲刷破坏。此外，沿线山间水系发达，雨季时汇流面积大，水流速度快，水流混合火山渣细料对火山渣路肩冲刷破坏严重。据调查，水流造成规模较大的路肩冲蚀破坏有 13 处，其中最严重的为 K42＋000 断面处，由于山体汇水量较大，造成沥青路面 1.2m 宽度范围内发生塌陷，塌陷区下游路肩被冲蚀，破坏长度达 3m，冲刷深度近 70cm(图 2.7)。

根据调查，沿线的冲刷破坏可分为两大类型，一种是山体水汇流，沿挡墙或自然边沟造成的路基冲刷破坏，这类冲刷沿线分布较多，是造成路基冲刷水毁的主要破坏形式，见图 2.8。

另外一种是当山体水或雨季水量大时，汇流的水来不及沿构造物排出而漫过路面，形成过水路面，造成沿江一侧路肩冲刷破坏，如图 2.9 所示。

a)

b)

图 2.7　K42＋000 断面冲刷破坏

a)

b)

图 2.8　山体一侧路肩冲刷破坏

a)

b)

图 2.9　沿江一侧路肩冲刷破坏

路面开裂同样是该边防旅游公路重要的路基路面病害形式，据调查统计，全线裂缝共有 50 余处，裂缝最宽达 14cm 之多，用米尺可量深度达 70cm。路面开裂破坏和塌陷等病害分布特点相同，随着海拔高度的增加、路面塌陷区密集度的增加，开裂破坏也越严重。

根据裂缝成因进行分类，沿线裂缝主要分为五大类，第一类是由于路基塌陷、沉降过大导致基层和面层开裂，这类裂缝沿塌陷区四周分布，塌陷深度和面积越大，裂缝也越宽、越长，如图 2.10 所示。

a)

b)

图 2.10　塌陷区边缘路面开裂

第二类是由于路基冻胀引起的路面开裂，这类裂缝的特点多是沿路线纵向及路中线附近分布，如图 2.11 所示。

a)

b)

图 2.11　路基冻胀导致路面开裂

第三类裂缝是由于高填方路基或半填半挖路基失稳造成的路面开裂，这类裂缝分布在沿江一侧，平均填土高度 8m 以上，一侧路基失稳导致路面受拉开裂，如图 2.12、图 2.13 所示。

图 2.12　高路堤失稳

图 2.13　半填半挖路基失稳

第四类裂缝是由于不良地质条件路基失稳下沉导致的路面开裂，此类裂缝分布相对较少，在K34+650断面处存在此类裂缝。第五类裂缝是由于半填半挖断面路基失稳造成填挖交界处路面产生开裂，这类裂缝在该公路沿线也较为常见，开裂后，填方一侧往往伴随路基滑塌、倾覆等失稳现象，如图2.14所示。

a)

b)

图2.14 不良地质路基失稳导致路面开裂

2.2 路基安全病害的分类

根据西南、西北及东北地区公路路基安全病害的特征，将运营期的路基安全病害归纳为路堤失稳安全病害、软基路堤工后不均匀沉降安全病害及季冻区低填浅挖路基冻胀融沉安全病害。

2.2.1 路堤失稳安全病害

路基结构失稳是指地基或路堤边坡由于外界环境作用造成潜在滑动面上剪应力大于抗剪强度，从而导致路基的部分或整体发生滑移破坏。路基结构失稳可发生于高路堤、填挖交界路堤、软基路堤等工况。路基失稳安全病害根据工况条件的不同又可分为以下两种情况。

(1)高填方路堤边坡局部失稳

高填方路堤由于填筑体的高度比较高，如果填料自身性质差、压实不足或者长期受不利自然环境的影响(尤其是水的影响)，就容易出现边坡局部失稳滑移(图2.15)。

在填挖交界路段，由于路基自身结构的缺陷，填方体容易沿着填挖交界面向下滑动，尽管在施工工艺上对交界面的结合进行了有针对性的考虑，但是填方体的滑动破坏的风险依旧存在(图2.16)。横向半填半挖、路堤拓宽以及某些斜坡地基上的路堤都存在类似的安全隐患。

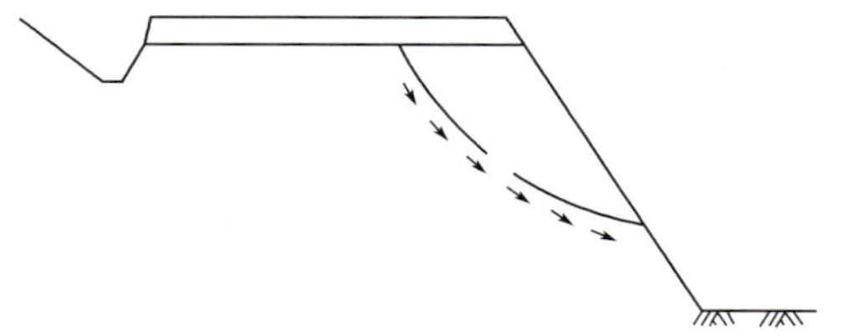

图2.15 高路堤自身失稳图

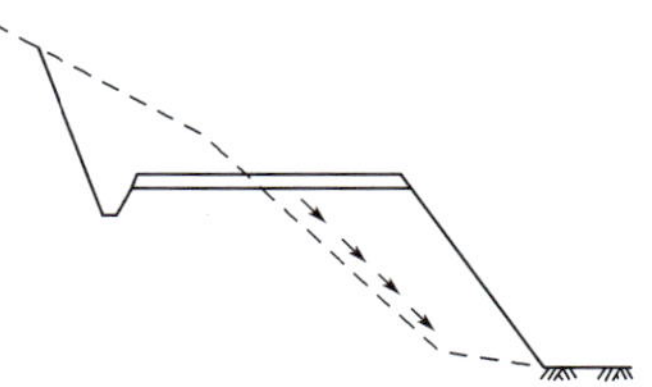

图2.16 填挖交界填方体失稳

在填浜区，路堤内部可能会形成一种特殊的“交界面”，也会产生路堤失稳安全问题。填浜区路堤整体失稳主要出现在道路占用部分河浜的情形，由回填体与浜底间接触界面性质决定。河浜底部往往分布着厚度不等的淤泥，施工工程中，若不能彻底清理，当回填体连同上覆荷载的下滑力超过界面所能提供的抗滑力时（图 2.17），回填体就会出现整体侧滑，影响道路的正常使用功能。

(2)软土地基整体失稳

软土地基上修筑高填方路堤，如果地基承载力不足，就会造成填筑体滑动并刺入地基内部的整体失稳破坏。地基软弱、处治不当、填方较高的路段容易发生地基的整体失稳破坏。一般路堤或者填挖交界（拓宽路堤）处都有可能发生整体失稳破坏安全病害，如图 2.18 所示。

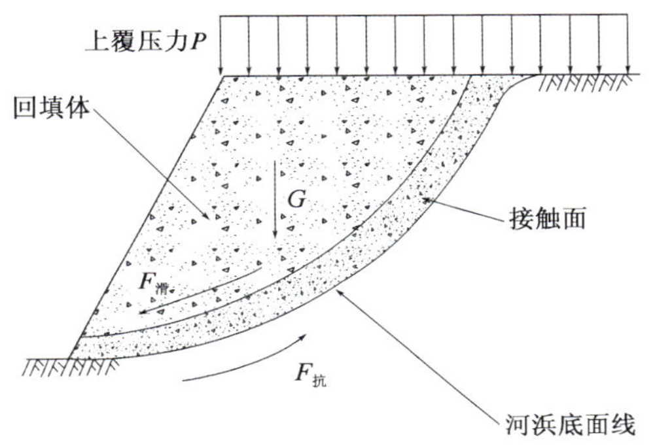

图 2.17　填浜区域整体失稳示意图

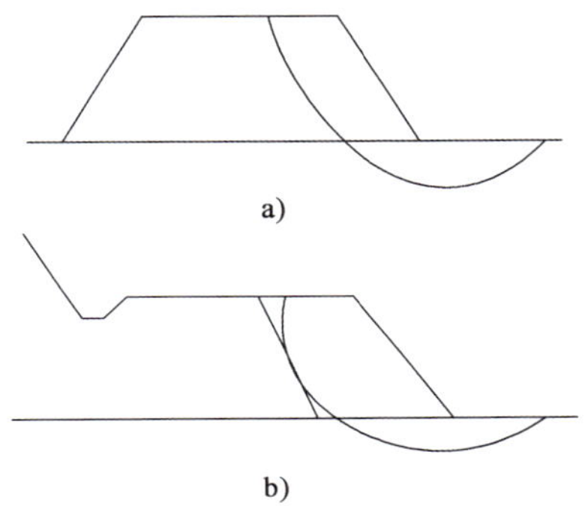

图 2.18　地基失稳机理示意图

2.2.2　软基路堤工后不均匀沉降安全病害

西部地区公路建设中存在大量的软土地基路段，土基的承载力较低，若填筑路堤前未对软基进行合理有效地处治，在路堤自重和交通荷载的作用下，地基将会发生沉陷和侧向挤出隆起，引起路基的不均匀沉降变形，尤其是当软基路堤的不均匀沉降变形发展到一定程度以后，也会引起路基的整体失稳破坏。另外，路堤填料本身由于压实不足、排水不良等原因也会产生自身压缩，最终反映为路堤顶面的不均匀沉降变形。软基路堤的工后不均匀沉降安全病害容易造成路面结构的沉陷、开裂，甚至引发路基整体滑移、失稳破坏，其对行车安全的危害性较大。根据已有的调研资料可知，目前我国投入运营的公路路基工后不均匀沉降病害问题较为突出和普遍，因而是一个值得重点关注的路基安全问题。

根据调研结论，软基路堤工后不均匀沉降变形造成的各种路面结构损坏归纳为以下几种形式。

(1)路面开裂

在公路进入运营期后不久，沥青路面便产生较多的横向裂缝和纵向裂缝，局部还会出现较大面积的龟网裂；除部分是由温度、水等引起的温度收缩裂缝外，主要是在各类荷载作用下导致结构损坏，以及路基沿一定断面产生较大的不均匀沉降造成的。

①横向裂缝。

路面横向裂缝多为材料收缩引起，如图 2.19a）所示。但是，在软土地基与非软土地基纵向交界处、软土地基处理方法变化处、纵向填挖交界处，也会因地基或路基的差异沉降导致基层的开裂，并反射到沥青面层，形成横向裂缝。这种裂缝类似于基层反射裂缝，但往往为路面横向全幅贯通，如图 2.19b）所示。

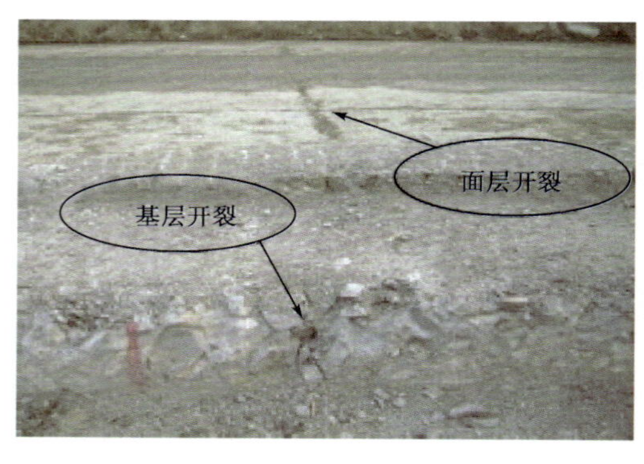

a)

b)

图 2.19　横向裂缝

②纵向裂缝。

纵向裂缝（图 2.20）根据成因有以下几种具体表现形式：一是由于软土地基的不均匀沉降导致的路面结构纵向开裂；二是由于路基本身压实度不够在其自重以及行车荷载作用下发生的累计塑性变形，从而导致路面结构整体纵向开裂；三是在填挖交界接合部工艺较复杂，施工难度较大，往往在此产生人为的质量因素，如密实度达不到设计标准等，也是产生纵向裂缝的原因之一。

③龟网裂。

在交通荷载作用下，软土地基上的低矮路基易产生不协调变形，使沥青路面结构层产生附加应力，基层结构承载能力逐渐下降，导致面层由运营初期或几条平行纵向裂缝上出现了横向斜向连接缝，并最终发展成为多边锐角的块状龟网裂，如图 2.21 所示。

图 2.20　典型纵向裂缝

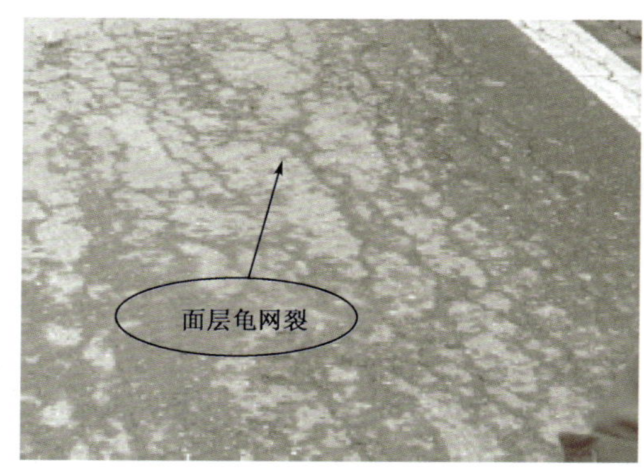

图 2.21　龟网裂

(2)路基局部沉陷

路基局部沉陷主要由两个方面的原因引起：一是施工期间土基压实度不足导致运营期局部沉陷变形；二是运营期水的渗入致使路基土湿软导致局部沉陷。两种原因最终导致路基土在交通荷载的作用下产生不可恢复的永久变形，进而在基层底产生过大的弯拉应力，基层进一步破碎，面层发生了沉陷，路表常伴有龟网裂和唧泥现象的发生，如图 2.22 所示。

a)

b)

图 2.22　路基沉陷病害

(3)桥头跳车

当路基顶面出现过量的不协调变形后，路面结构会出现大波浪形的不平整，严重影响行车舒适性。在桥头引道路段，路基相对于桥台的不均匀沉降变形会造成桥头跳车现象，影响行车安全和舒适性(图 2.23)。

a)

b)

图 2.23　桥头跳车

2.2.3　季冻区低填浅挖路基冻融安全病害

在季节性冰冻地区，软弱不良地基上的低路堤结构容易发生冻胀融沉安全病害，主要表现为两个方面：一是路基结构的冻胀造成路面开裂，二是路基土在冻融循环的反复作用下强度和稳定性发生衰减，加之繁重的交通荷载作用，使得路面结构发生各种疲劳损坏。路面开裂以后，如果路基内部的水分不能及时排出，那么在春融期，路基内部的泥浆在交通荷载的作用下将会从裂缝中挤出，造成翻浆病害。

2.3 路基安全机理

2.3.1 路基变形与失稳机理

路基的失稳破坏可能使高填方边坡局部坍塌，也可能连同地基整体失稳滑移。两种失稳破坏方式的机理并不相同，但是其本质原因都是路基或地基发生了过量的不协调变形。路基变形与滑塌包含了滑动面的形成、扩展、贯通、错位等一系列现象和过程，这些现象发生在宏观、细观和微观，都具有相互作用，再加上各种动态因素的作用，使得这一过程具有很强的非线性和复杂性。

(1)边坡局部失稳

地基承载力较好时，边坡局部的稳定性与填筑体自身性质有关。路堤结构不协调变形积累到一定程度时，在降雨、地震等外界环境因素的扰动下，坡体内滑动面的物理力学性质发生改变，从而引起边坡坍塌。在我国很多地区，持续降雨是导致边坡局部坍塌的最主要原因。降雨前路堤边坡处于非饱和状态，若填筑体已经发生了过量不协调变形，雨水就会很容易地从缺陷位置渗入土体内部，然后造成土体物理力学性质的快速变化。

以上机理揭示了运营期路堤边坡局部失稳发生的两个重要前提条件。第一个前提条件是填筑体自身所产生的过量不协调变形。填筑体自身变形如果不是地基沉陷引起，则大多是由于填料压实不足及施工不当所致；有些路段地下水位较高，路堤填土长期受到干湿循环、冻融循环反复作用也会引起路基土强度下降和不协调变形。第二个前提条件是外界环境催动因素(最主要是地表水和地下水影响)。文献中对边坡灾害的统计资料显示，绝大多数边坡坍塌都是由于降雨、地震、洪水、泥石流等外界因素催动而发生的。

当两个前提条件同时存在时，路堤边坡的稳定性就堪忧了。所以，监测和控制路堤的不协调变形以及监测诱发边坡失稳的外界因素是运营期路基稳定安全监测的重要内容。

(2)地基失稳

路基失稳的另一种情况是由于地基承载力不足造成，这种破坏比较容易发生于软土地基上修筑的高填方路堤。实践证明，地基稳定对于保证路堤整体稳定性是至关重要的。不稳定的地基会持续下沉，地基沉降会加剧其上路堤结构的不协调变形，从而大大增加边坡坍塌的隐患。当地基变形发展到一定程度时，土体就会出现塑性破坏，发生路堤连同地基的整体失稳滑塌。

在路基工程中，地基的沉降和水平位移是考察软基路堤整体稳定性的两个重要指标。正常情况下，水平位移是地基土体在荷载作用下侧向变形引起的，沉降则包括地基的固结沉降和由土体侧向变形引起的沉降(以固结沉降为主)两部分，沉降和水平位移之间一般呈近似线性关系。当地基接近失稳时，地基内的软土明显地向外挤出，从而使地基水平位移显著增大，并使原来的“沉降—水平位移”关系发生突变。地基水平位移相对于沉降快速增大，表明地基失稳的风险增大；如果水平位移很小，则表明地基沉降变形以固结为主，稳定性也就不存大的问题。因此，在运营期可以通过监测地基沉降和水平位移来评判软基路堤的整体稳定安全。

施工期安全监测中也有通过考察填土过程中地基沉降和侧向位移关系来评价软基路堤稳定性的做法。图 2.24 所示为理论推导的软基路堤填土过程中地基侧向位移 L_m 与沉降 S_0 的关系变化曲线。OA 段为填土加载，软土地基表现为不排水变形，侧向位移发展迅速，这一时段地基失稳的风险较大；AB 段为固结期，软土地基处于固结状态，孔隙水压力消散，有效应力增加，该阶段不发生侧向位移(有些工程中甚至出现了位移“回缩”现象)。在 AB 段，随着地基逐步固结稳定，地基稳定性从理论上讲应当是逐步提高的。

图 2.25 为实际工程中监测到的软基路堤坡脚最大侧向位移 L_m 与路中沉降 S_0 的变化关系曲线。从图中可以看到，曲线存在两个拐点，对应时刻分别为路基填筑到临界高度和设计高度。路基施工未进入临界高度时 L_m/S_0 较小，沉降以 S_0 为主；当施工进入临界高度后 L_m/S_0 明显变大；当填至设计填高后，土体进入固结期。

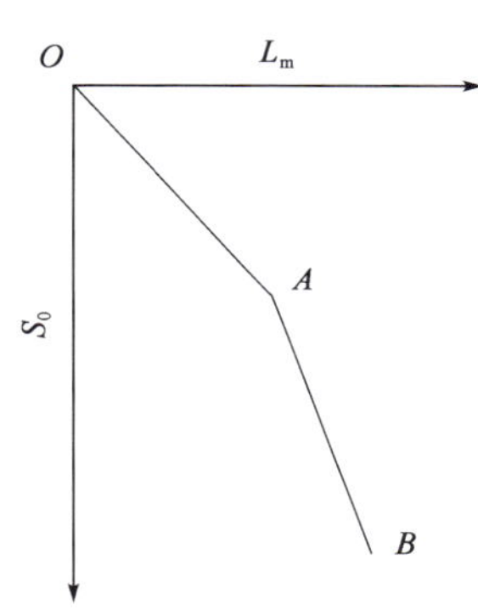

图 2.24　L_m-S_0 关系曲线

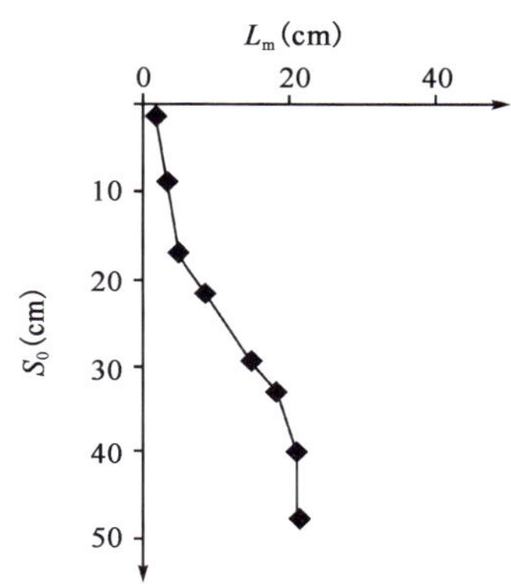

图 2.25　实际监测 L_m 及 S_0 时变曲线

公路竣工以后，软土地基不是处在完全的排水状态，而是处在以排水为主的状态。地基固结和软土流变还会引起一部分持续的侧向位移。因此，运营期的软基路堤依旧存在发生整体失稳的隐患。所以，在运营期有必要继续对软土地基进行沉降和水平位移的监测，尤其是不利外界因素来临时(持续降雨、地震等)需要格外关注软基路堤的稳定安全状态。

2.3.2　路基不均匀沉降变形机理

地基工后沉降和路堤填筑体自身的沉陷会在路堤顶面产生各种形式的不均匀沉降变形，从而导致路面结构性能损坏，影响行车安全性和舒适性。

(1)路基不均匀沉降的组成

路基尤其是软土地基上修筑的路堤结构在运营期较为容易发生不均匀沉降变形。软基路堤沉降由三个部分组成：路堤填料压缩变形、地基固结沉降变形以及路基在行车荷载作用下的局部永久变形。

①路堤自身的压缩变形。

路堤自身的压缩变形主要是指填料自重作用造成的进一步压实。在公路施工过程中，对填料很难做到有效控制，压实质量难以保证，在荷载和自然环境的长期作用下，填料将产生不协调变形，造成路面局部沉陷、变形、失稳破坏等安全病害。此外，路基材料一般为渗透性材料，具有多孔隙特点，在排水系统设置不当或局部失效后，水的渗入使路基土体进一步湿化和软化，进而发生局部沉陷。

事实上，路基内的任一层土，只要其施工碾压时的初始密度小于在公路使用期间所能达到的最终密度，该层土都会产生压缩变形；该层土的压实度或初始密度越小，产生的压缩变形将越大。路基土体压实度不足的主要原因：一是考虑施工安全和进度，压力或压力作用时间不足；二是填方土体的最佳含水率控制不利，压实效果达不到。填方土体压实度不足，其结果是土体前期固结应力小于自重应力和各种附加应力之和，在自重作用下就会发生沉降变形。这时路基土体中的附加应力主要来自以下几个方面：a. 行车荷载，尤其重载情况；b. 含水率变化造成土体重度的改变；c. 地下水位升降而导致浮力作用改变；d. 土体饱和度改变，引起负孔隙水压力改变。这部分附加应力引起土体中有效应力改变，从而导致土体发生压缩变形。另外，土体压实度不足还会导致填土路基的侧向变形，而侧向变形的发生也降低了路堤边坡的自身稳定性，增加了局部失稳破坏的隐患。因此，控制路堤的自身沉降变形对于控制边坡稳定性也是有益的。路堤填筑体同时发生竖向变形和侧向变形是软基路堤不协调变形的典型特征之一，如图 2.26 所示。

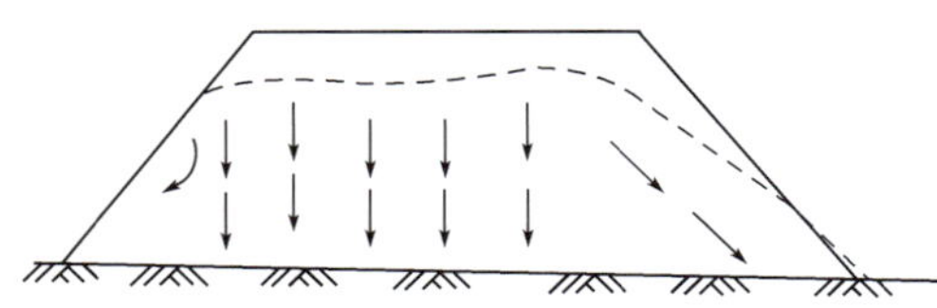
图 2.26　路堤自身压缩变形导致的不协调变形

即使路基压实达到设计规范的要求，当外部条件改变时，路基还会产生一定的附加压缩变形。在用击实土作压缩试验时可以发现，在某一荷载作用下，土样压缩已经趋于稳定后，如果加水使之饱和，土样会在同一荷载下出现明显的附加压缩变形（压缩试验中的体应变值），如表 2.11 所示。从机理上看，土体在饱水后产生附加压缩是因为土颗粒在被水完全包裹后，颗粒之间的黏聚力、摩阻力都下降了，导致土的变形模量下降，在荷载的作用下土样继续压缩。

不同的填筑含水率时土样的附加压缩变形表　　表 2.11

有效轴向荷载 (kN)	填筑条件		
	低于最佳含水率 1% $\gamma_d=1.776g/cm^3$	最佳含水率 $\gamma_d=1.784g/cm^3$	高于最佳含水率 1% $\gamma_d=1.776g/cm^3$
175	1.9	1.9	2.3
700	2.9	3.7	4.8
1 225	5.2	5.9	7.6
1 760	6.8	7.8	9.0

②地基固结沉降变形。

地基的固结沉降变形，按照引起沉降的原因和历时长短，可以分为瞬时沉降、主固结沉降和次固结沉降三类，计算公式如式(2.1)所示。

$$S_\infty = S_d + S_c + S_s \tag{2.1}$$

式中：S_∞——地基最终总沉降量，cm；

S_d——地基瞬时沉降量，cm；

S_c——地基主固结沉降量，cm；

S_s——地基次固结沉降量，cm。

瞬时沉降就是在加载瞬间产生的沉降量。在加载瞬间，土中孔隙水来不及排出，孔隙体积没有变化即不产生体积变化，但荷载使土体产生剪切变形，由土体的侧向变形引起地基沉降。瞬时沉降一般包括两个部分：一是由地基的弹性变形产生的；二是由地基塑性区开展继而扩大所产生的侧向剪切位移引起的。

主固结沉降是因为地基土在荷载作用下，将产生超孔隙水压力，随着时间的推移，孔隙水逐步排出，超孔隙水压力将逐步消散，孔隙水压力转换成有效应力，土体逐渐压密，体积减小，从而使地表产生沉降。这是一个与时间有关的过程，而且主要是体积发生变化的过程，其中包括剪切变形在内，故导致了进一步的沉降，是地基沉降中最主要的组成部分。

次固结沉降是土中超孔隙水压力完全消散，在有效应力基本上保持不变的情况下，土体体积仍随着时间延长而发生的变形，一般认为这是在恒定应力状态下，土中的接合水以黏滞流动的形态缓慢移动，造成水膜厚度发生相应的改变，使土骨架产生黏滞蠕变的结果。已有研究成果表明，深厚湿软路基若处治不利，其次固结沉降占到总沉降的比重可达30%以上。

事实上瞬时沉降、主固结沉降和次固结沉降这三种沉降并不能截然分开考虑，它们在地基土体的固结变形过程中是交错发生的，只是某一个阶段以一种沉降变形为主而已。不同类型的地基土，其三个组成部分的相对大小以及所经历的时间是不同的。

当地基中存在软弱土层时，其自身力学性能差，在具有一定厚度的条件下，由于路基荷载产生的附加应力，会发生固结沉降、次固结沉降和侧向塑性挤出，导致明显的不均匀沉降变形，如图2.27所示。

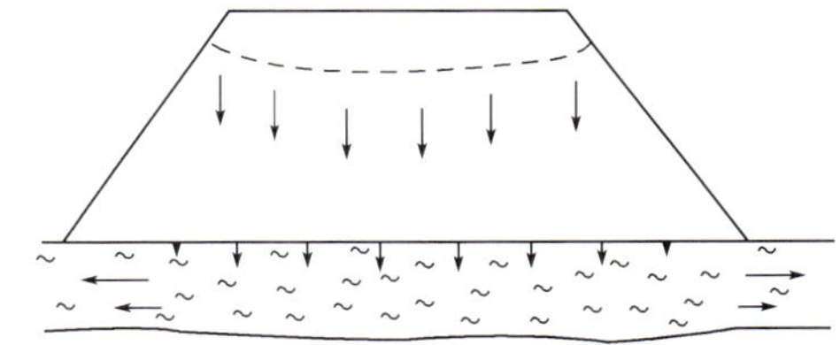

图2.27　地基中软土层导致的不协调变形

软弱地基土层的天然含水率越高、天然孔隙比越大，则压缩系数越大、承载能力越低，路基的沉降量和不均匀沉降也越大。土体的抗剪强度和承载能力越低，则侧向塑性甚至整体失稳坍滑的可能性越大。而软土层的厚度、填筑土层的高度和宽度越大，则路基的沉降量和沉降差也越大。由于路基为条形构造物，软土层中附加应力的横向分布并不均匀，这同时也破坏了软土层原有的横向平衡。因此，软土层在发生垂直向沉降的同时，也会在横向上产生侧向塑性变形，从而进一步加剧路基表面的不均匀沉降变形。

③行车荷载作用下路基的永久变形。

路基土在承受行车荷载作用的过程中，受垂直向、水平向和剪切应力的综合影响，如图2.28所示。

土体具有一定的压缩性和密实程度不均匀性，因此路基受力后会有明显的塑性体积变形。图2.29是试验得到的应力应变（p-ε_v）关系曲线，路基在每一次荷载作用后，回弹变形立即消失，但是如果荷载已经使得土基产生了塑性变形，那么塑性变形则不能再恢复。

随着荷载作用次数的不断增加，土基内产生的塑性累积变形逐渐增大。重复应力值低时，总应变增长的速率近于稳定；重复应力值高时，则总应变的增长速率随着重复作用次数的增加而增长，直到剪切破坏为止，如图2.30所示。

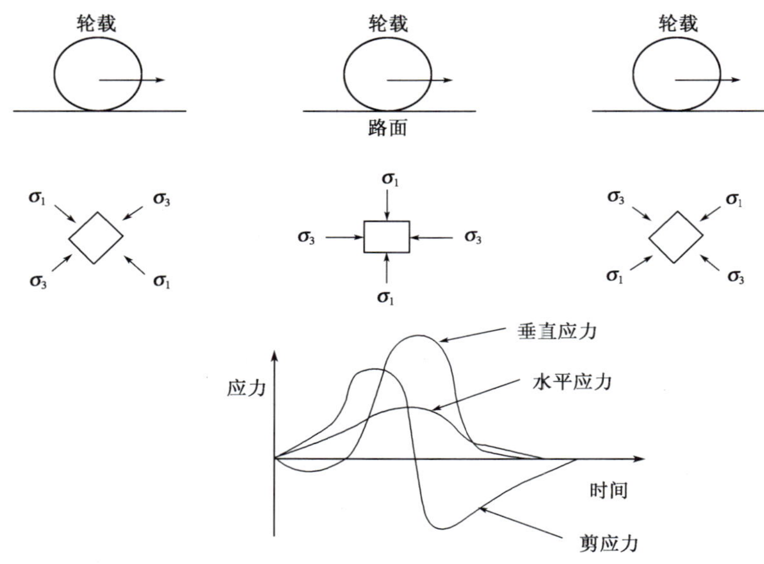

图 2.28　行车荷载作用下路基土的受力情况

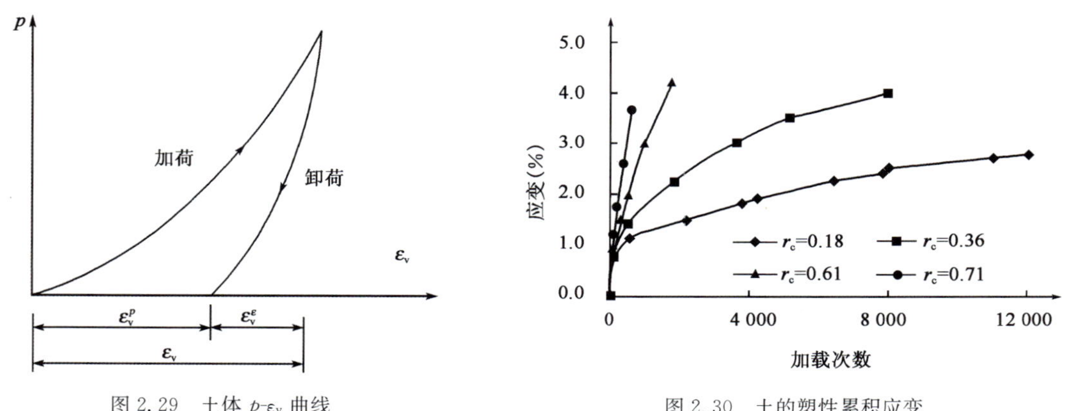

图 2.29　土体 p-ε_v 曲线

图 2.30　土的塑性累积应变

软土地基上修筑的低填浅挖路基因其工程地质和水文条件的特殊性，路基土常常为软弱饱和土。这类路基的原状土一般处于饱和软塑状态，含水率高，孔隙比大，并具有显著的触变性和较高的压缩性。公路运营以后，在行车荷载的作用下，湿软路基将产生显著的永久残余变形，表现为较大的工后沉降和不均匀沉降，并逐步反映到路面，进而影响路面结构的使用性能和使用寿命。事实上，高等级公路路面在使用过程中所出现的沉陷、车辙和裂缝等损坏，虽然一部分是由于路面各结构层本身的变形所引起的，但相当大一部分是路基过量的残余变形所造成的。

(2)路基不均匀沉降的分布特征

路基不均匀沉降变形的分布特征是合理确定路基安全变形监测点布设方法的依据，也是制订安全评价指标的关键。目前，研究者大多采用数值分析法分析路基不均匀沉降及桥头引道的不均匀沉降变形分布规律。

①软基路堤的不均匀沉降变形。

软土地基上的路堤计算模型如图 2.31 所示。荷载主要来自路堤本身的质量，填筑采用分级加载，地基宽度取为 80m，深度为 30m，边坡坡度为 1∶1.5，路堤填土高度为 6m，路基顶面宽度为 13m。

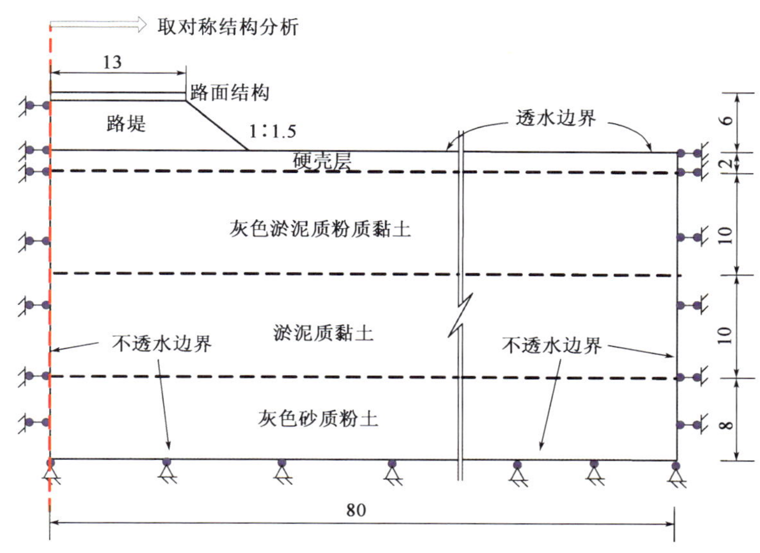

图 2.31 软弱地基路堤几何模型及边界条件设置图(尺寸单位:m)

结构左右边界分别为横向固定约束，无水平位移；底部为横向和竖向固定约束，无水平和垂直位移；为计算简便，设地表为透水边界，其余为不透水。对地基和路基均采用 Mohr. Coulomb 模型进行模拟；另外，路面结构按线弹性模型考虑。

地基各土层和路堤填土物理力学参数如表 2.12 所示。为了模拟实际的施工过程，将整个施工过程简化为 7 个时段，即每一级堆载间隔时间为 1 个月，其中每级加载持续时间为 20d，间歇期为 10d，路堤堆载完成间隔 45d 后，开始路面施工，路面施工持续时间为 15d，工后固结期为 15 年，加载—时间曲线如图 2.32 所示。

地基各土层和路堤填土物理力学参数表 表 2.12

土 层	土层名称	厚度(m)	ρ(t·m^{-3})	ϕ(°)	c(kPa)	K(MPa)	n	G(MPa)
①	粉质黏土(硬壳层)	2.0	1.7	28	15	30	0.75	10
②	灰色淤泥质粉质黏土	8.0	1.71	10	12	10	0.71	7
③	淤泥质黏土	10	1.72	12	13	12	0.8	6
④	灰色砂质黏土	12	1.8	15	17	20	0.75	12
路堤填土	—	—	2	20	25	120	—	40

图 2.33 和图 2.34 分别为加载结束时和加载结束 720d 后的垂直位移云图。从两图中可以发现，整个沉降曲线呈“盆状”。加载刚结束时的沉降较小，大约为 60cm；720d 之后，沉降值有所增大。最大沉降发生在路堤中部，为 0.95m 左右，路堤坡脚处出现隆起，最大隆起量为 5cm。

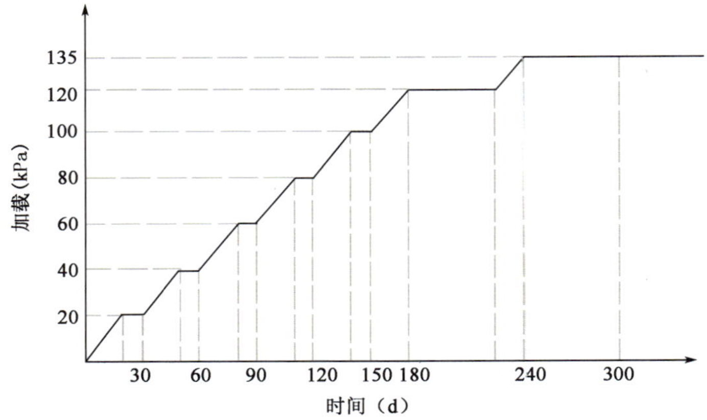

图 2.32　软土地基路堤加载—时间曲线

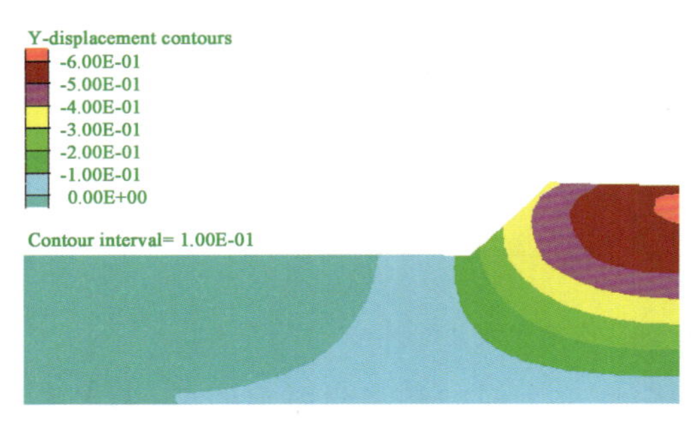

图 2.33　加载结束时垂直位移云图

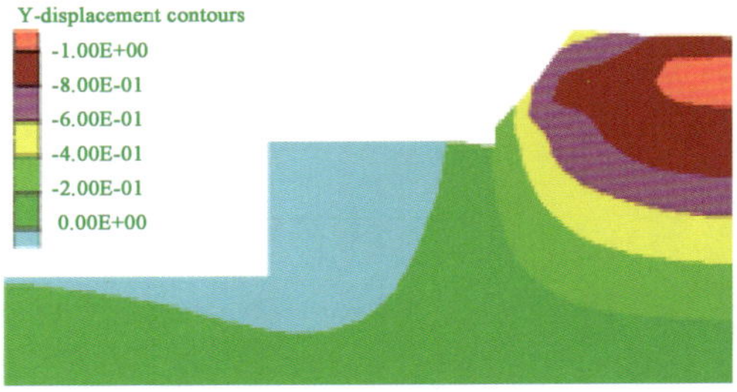

图 2.34　加载结束 720d 垂直位移云图

图 2.35 为施工结束 720d 和 3 600d 路堤顶面的沉降曲线图。从图中可以发现，随着时间的推移，沉降逐渐增大。图 2.36 为路堤中心与路堤两侧不均匀沉降随时间的变化曲线，从图中可以看出，随着时间的推移，不均匀沉降逐渐增大，开始时不均匀沉降增大速率较大，后期增速渐渐趋缓。

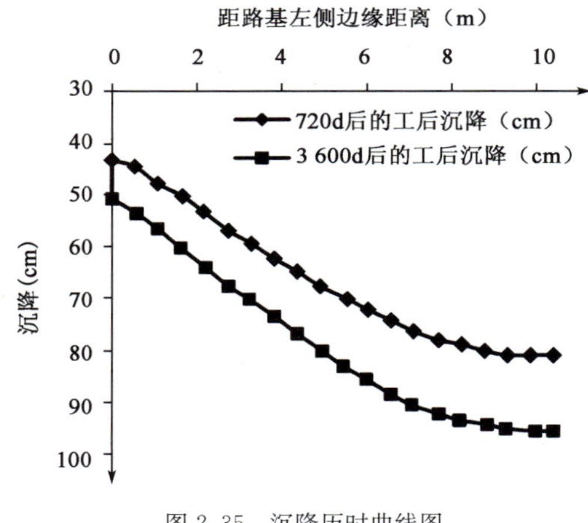

图 2.35　沉降历时曲线图

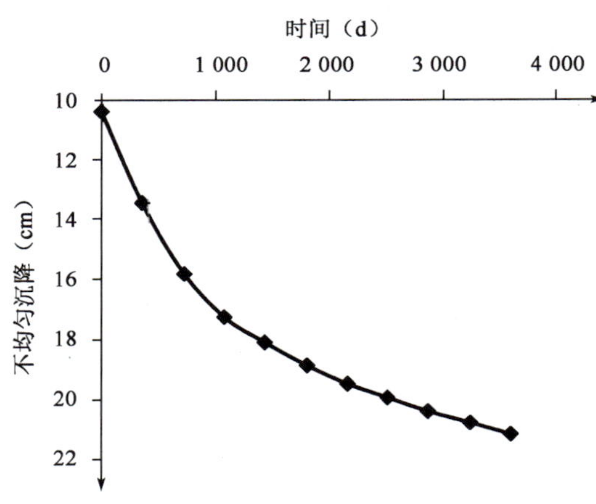

图 2.36　路堤不均匀沉降随时间变化图

计算结果表明，当地基中存在软弱土层时，在软弱土层具有一定厚度的条件下，由于路堤自重及行车荷载作用而产生的附加应力使软弱土层发生固结沉降变形，并逐步反映到路基土顶部，导致明显的不均匀沉降变形。

采用同样的方法对砂岩、泥岩、页岩及黏性土填料的高填方路堤进行分析。以泥岩填料的软基高填方路堤为例，数值计算分析网格如图 2.37 所示，15m 泥岩填料路堤沉降等势线如图 2.38 所示。从图中可以发现，路基顶部的垂直位移由两部分组成，一部分是由于地基沉降所引起的位移，另一部分是高填路堤本身压缩所引起的位移，将总位移减去地基沉降所得的位移可认为是路堤填土的压缩变形。当路堤的高度较高时，路堤填土本身压缩所引起的沉降不能忽略。从沉降等势线图还可以看出，在地基水平的情况下，路堤的沉降分布基本对称，最大沉降发生在路基中央，总体呈现“盆状”特征。由于路基中央与边缘沉降量的不一致，路基将产生不均匀沉降变形。

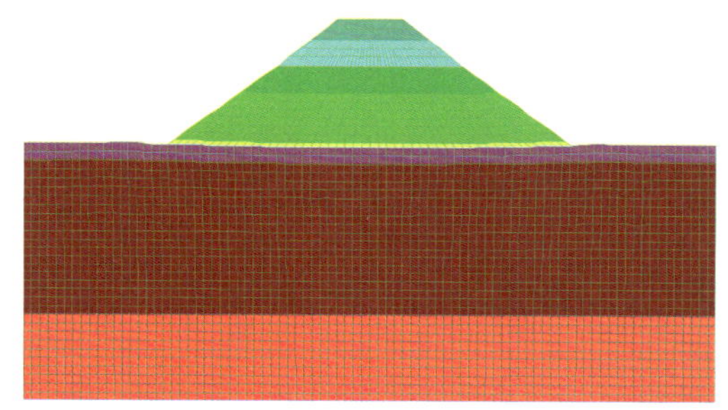

图 2.37　数值计算分析网格图

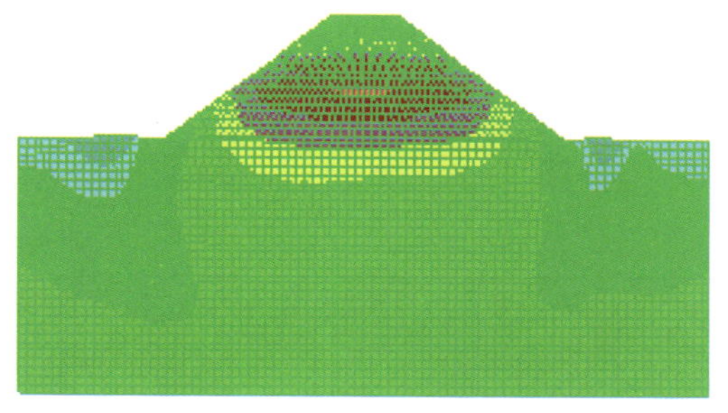

图 2.38　15m 泥岩填料路堤沉降等势线

根据数值计算结果，可得出当压实度为 0.9 时，不同填料路堤不同高度时路堤顶面的不协调变形量如表 2.13 所示。

不同类型填料路堤顶面不协调变形量(mm)　　表 2.13

高度(m) \ 填料	砂岩填料	泥岩填料	钙质页岩填料	黏性土
15	30.5	33.6	39.8	65.3
20	45.6	52.3	60.2	95.4
25	67.4	73.2	82.4	134.3

从计算结果可以看出，路堤填方高度越高，路堤不协调变形越大。从不同填料路堤计算结果得出，一般填料越坚硬，其不协调变形量也越小。比较四种典型填料，在基本相同密实度的情况下，一般砂岩填料不协调变形最小，泥岩填料、钙质页岩填料次之，黏性土填料最大。

②填挖交界路堤不均匀沉降变形。

填挖交界路基按照交界部位的不同分为横向填挖交界路基、纵向填挖交界路基及纵横向填挖交界路基，形式非常复杂，但力学机理大致相同，拓宽路基不均匀沉降与此相似。

以如图 2.39 所示的典型横向填挖路基为例，材料计算参数如表 2.14 所示，填挖交界路基的加载历时曲线如图 2.40 所示。

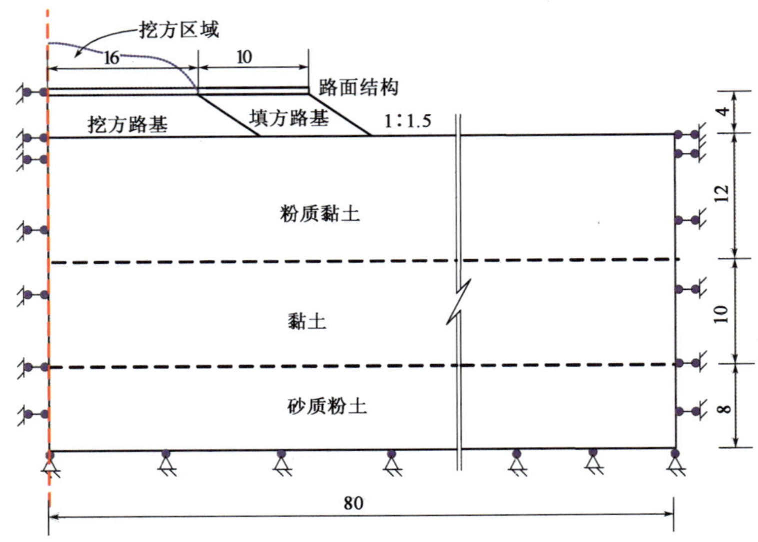

图 2.39　填挖交界路基几何模型及边界条件设置图(尺寸单位:m)

材料计算参数表　　表 2.14

材料	密度(kg·m³)	渗透系数(m/s)		弹性模型		Mohr. Coulomb 模型			修正剑桥模型(MCC)		
		k_h	k_v	E(MPa)	μ	c(kPa)	φ	Ψ	κ	λ	M
路堤	2 000	—	—	15	0.30	30	28	0	—	—	—
土层 1	1 800	8.4×10^7	8.4×10^7	2.5	0.30	20	30	0	—	—	—
土层 2	1 800	6.0×10^9	4.0×10^9	—	0.35	—	—	—	0.065	0.186	0.985
土层 3	1 600	4.9×10^9	2.9×10^9	—	0.35	—	—	—	0.050	0.140	1.048
土层 4	2 000	6.2×10^7	6.2×10^7	4.6	0.30	20	31.4	0	—	—	—
垫层	2 500	—	—	300	0.30	—	—	—	—	—	—
基层	2 500	—	—	1 400	0.30	—	—	—	—	—	—
面层	2 500	—	—	1 200	0.30	—	—	—	—	—	—

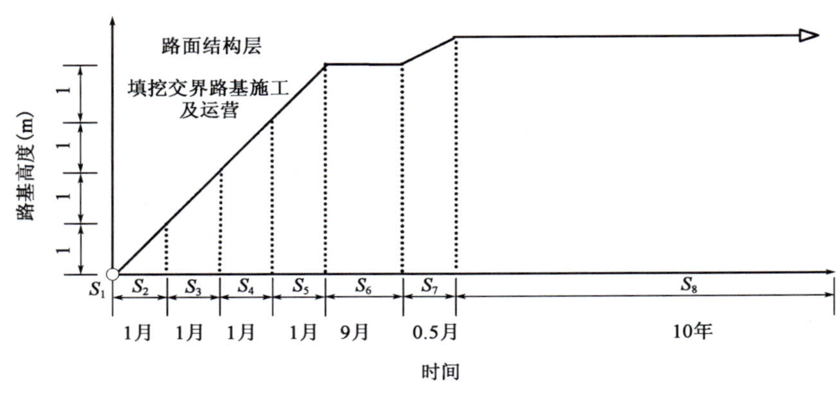

图 2.40　加载历时曲线示意图

图 2.41 为横向填挖交界路基顶面的变形曲线图。从图中可以发现，由于填、挖方路基受力状况的不同，填方路堤出现了一定的沉降，其最大沉降位于最右端，而挖方路基不仅没有出现沉降，反而有轻微的隆起，也即沉降变形呈现"～"形。由于填、挖路基的沉降差，在路基顶面出现了不均匀沉降变形，随着时间的推移，不均匀沉降随之增加，其最终的不均匀沉降量达到 15cm 左右。

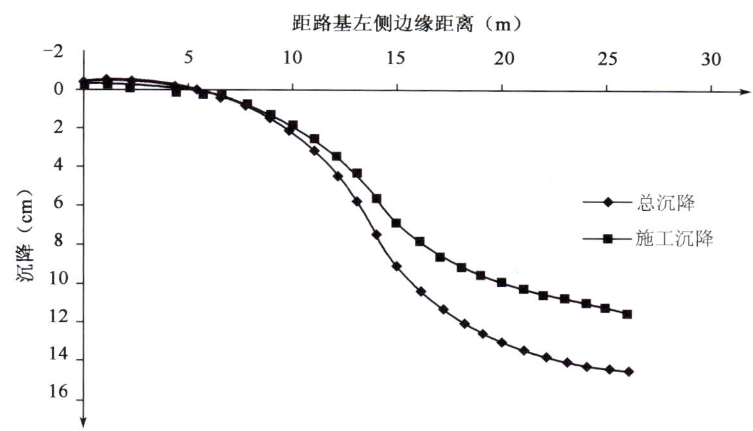

图 2.41　填挖交界路基顶面变形曲线图

③行车荷载作用下路堤顶面永久变形。

行车荷载作用而造成的路基顶面附加应力存在一定范围，也就是说存在一个塑性变形产生范围，不同作用位置的荷载如果所产生的塑性变形范围存在重叠，就应该考虑在重叠区域内塑性变形的叠加。路基塑性变形叠加如图 2.42 所示。图中，1 代表轮迹横向分布频率；2 代表车轮作用在某一特定位置时的土基塑性变形；3 代表考虑不同位置的变形和横向分布频率后的叠加变形；4 代表考虑两个车道轮载叠加后的变形。可见，由于土体塑性变形的不可恢复性和行车荷载的横向分布特征，在路基顶面形成了波浪形的不协调变形。

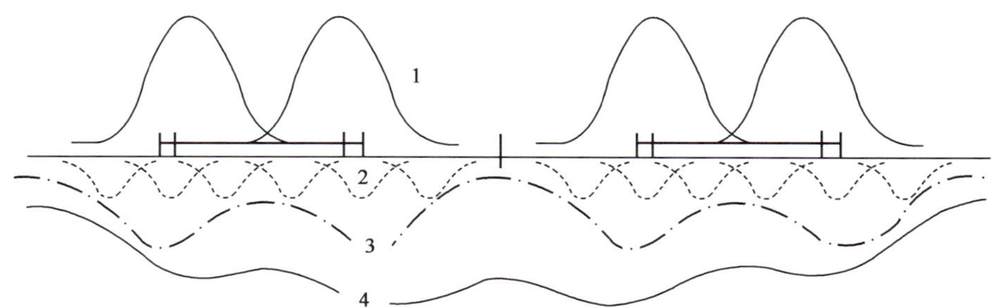

图 2.42　行车荷载反复作用下路基土的累积塑性变形

以单车道情况为例，当行车荷载作用于行车道中央位置时，不考虑轮载横向分布频率时，路基土顶面永久变形的形状如图 2.43 所示。从图可以看出，在行车荷载作用下，路基土顶面的永久变形呈现不均匀的特性。

假设车道宽度为 3.75m，相邻车道影响后的路基土永久变形如图 2.44 所示。由图可以看出，一个车道中内侧和外侧轮迹带处的变形差异很小，可以忽略不计。因此，为了简化计算，在路基永久变形中，以单车道下路基永久变形为研究对象，忽略相邻车道上行车荷载的影响。

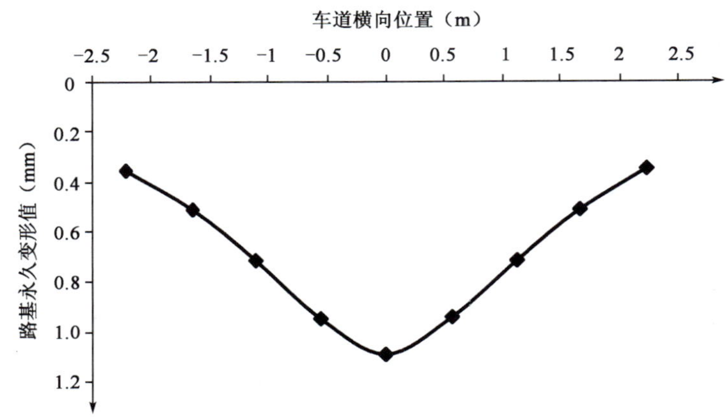

图 2.43　不考虑轮载横向分布频率的路基永久变形图

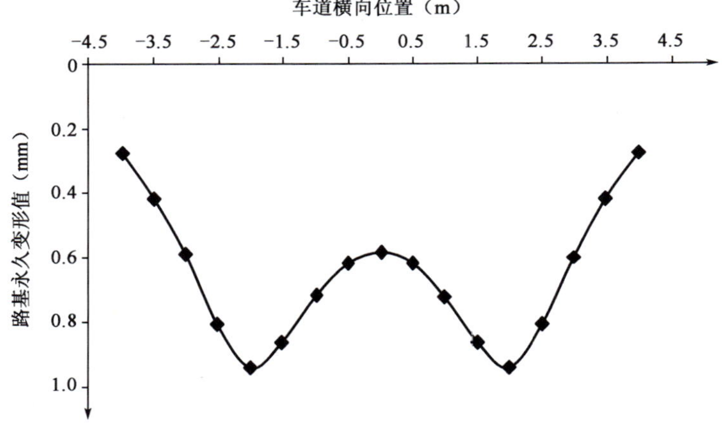

图 2.44　考虑相邻车道影响的路基永久变形图

以单车道为例，考虑轮载横向分布频率计算分析黏性土路基不协调变形的特征（以车道横向位置为横坐标，路基永久变形值为纵坐标）如图 2.45 所示。从图中可以看出，路基不协调变形呈现“波浪形”。

④桥头引道路堤不均匀沉降变形。

桥头引道路段的不均匀变形主要是因为在桥头引道路段桥台与台后路基在结构上存在显著差异造成的，如图 2.46 所示。从图中可以看出，桥头引道与桥台接合处的 A 点左右侧是两个不同性质的路面体系，左侧是由桥台上部桥面层与刚性桥台组成的双层结构体系，属于刚性结构；右侧为由路基、路面构成的多层结构体系，相对左侧而言属于柔性结构，因此在结构刚度上便产生了很大差异。

桥头引道不均匀沉降变形按照其形态特征可以分为马鞍形和错台形两种。

“马鞍形”沉降主要发生在设置搭板的路段，如图 2.47 所示。它在纵坡线形上具有如下特点：

a. 路桥接合处（A 点）一般没有明显的错台现象，纵坡曲线变化比较缓和；

b. 距桥台一定距离内的差异沉降逐渐增大，到达沉降“鞍底”B 点后，差异沉降逐渐变小；

c. 一些路段存在转折点（C 点），其后沉降比较均匀，而另一些路段的转折点（C 点）并不明显；

d. 桥头跳车引发的起伏颠簸最强烈的区域发生在 A、B 之间的区域。

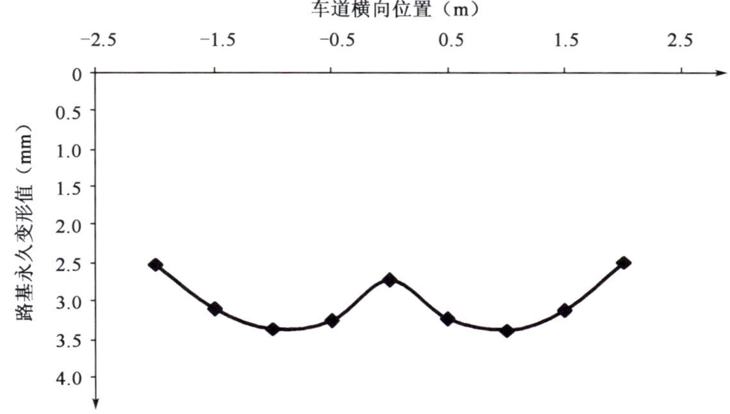

图 2.45　考虑轮载横向分布频率的路基永久变形图

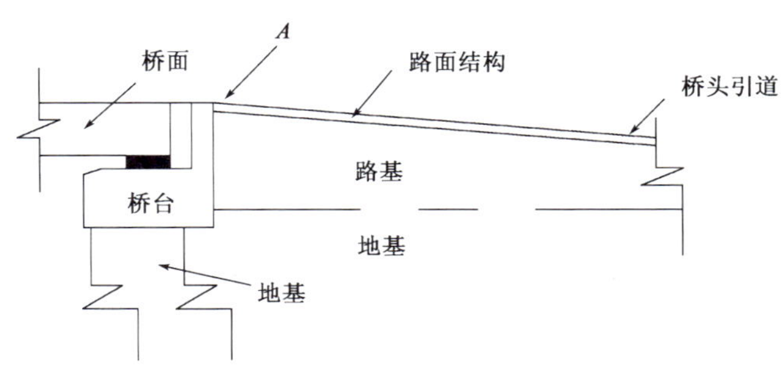

图 2.46　桥头引道路基、路面纵断面图示

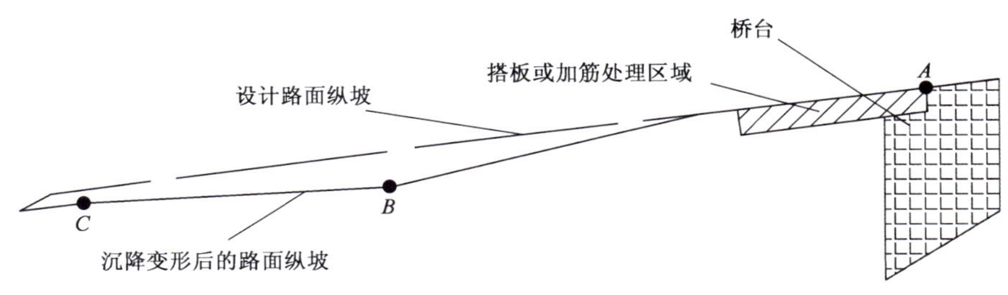

图 2.47　“马鞍形”不协调沉降变形图示

“错台形”沉降经常产生于未设置桥头搭板的路段，如图 2.48 所示。由于桥台与台后路基、路面在结构上的差异，使得在路桥接合处产生沉降突变，形成错台现象，造成纵坡线形的突变。此时，跳车产生的强烈振动发生于路桥交界的错台处。

通过对 133 处高速公路桥头引道路段沉降变形统计样本的分析，获得了桥头引道路段的最大沉降点位置分布图(图 2.49)及其统计指标表(表 2.15)。可以看出,桥头引道最大沉降位置基本上分布在距桥台 15～60m 的范围内,占所有统计路段的 76.7%,所以距桥台 60m 的路段是沉降病害发生的重点区域。最大沉降量显然与地基工程地质条件、路堤填筑高度、地基处理措施等条件有关,但在统计数据中没有明显的规律性,测点平均最大沉降量为 13.18cm,大于《公路路基设计规范》(JTG D30—2004)所规定的"容许工后沉降量"(10cm)。

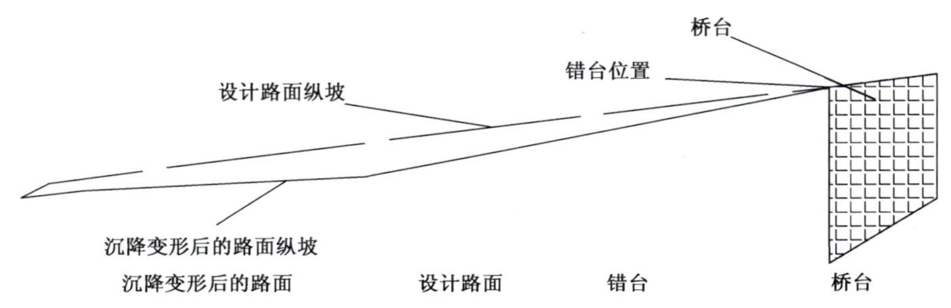

图 2.48 "错台形"不协调沉降变形图示

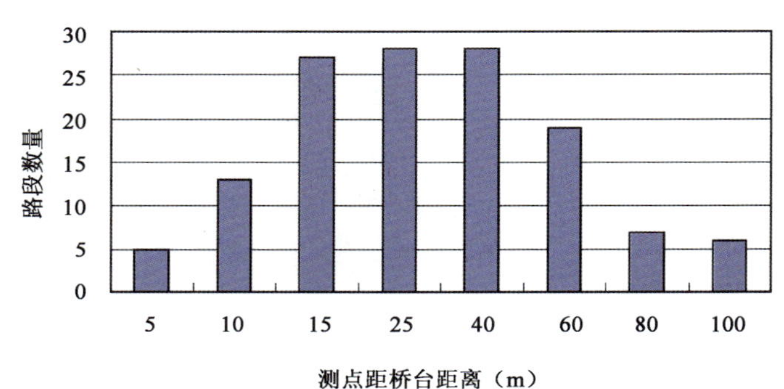

图 2.49 桥头引道路段最大沉降点位置分布

桥头引道路段最大沉降点分布统计 表 2.15

测点距桥台距离(m)	路 段 数 量	平均最大沉降量(cm)	占总路段数量的比重(%)
5	5	6.80	3.8
10	13	4.83	9.8
15	27	6.62	20.3
25	28	13.55	21.1
40	28	21.02	21.1
60	19	11.16	14.3
80	7	25.63	5.3
100	6	19.62	4.5

桥头引道最大纵坡坡差的数据统计结果如图 2.50 和表 2.16 所示。可以看出,最大纵坡坡差主要分布在距桥台距离 5～10m 之间,占总统计路段的 75.2%。说明由于桥台与桥头引道在工程性质上的差异,导致在距桥台 5～10m 的路段内所产生的差异沉降最大,也就是说,

距桥台5～10m的区间是最容易引起“马鞍形”桥头跳车的位置之一(另一位置是路桥分界处由于错台现象引起的“桥头跳车”)。

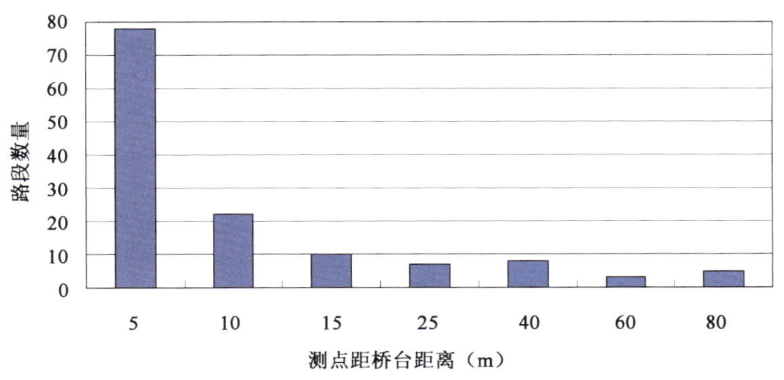

图2.50 桥头引道路段最大纵坡坡差位置分布图

桥头引道路段最大纵坡坡差位置分布统计 表2.16

测点距桥台距离(m)	路段数量	平均最大纵坡坡差(‰)	占总路段数量的比重(%)
5	78	14.61	58.6
10	22	10.08	16.5
15	10	11.23	7.5
25	7	5.90	5.3
40	8	10.82	6.0
60	3	13.52	2.3
80	5	23.77	3.8

2.3.3 路基冻胀机理

(1)路基土冻胀的产生

土中或多或少含有水分,在低温的作用下会产生冻结。路基土冻结过程中,土中水分(包括土中原孔隙水和外界向冻结锋面迁移、补给的水)冻结成冰,并生成许多冰夹层、冰透镜体,从而引起土颗粒的相对位移,发生土体膨胀,这种现象称为冻胀。冻胀的外观表现是土层的均匀或不均匀隆起、鼓包、开裂等;融化后发生明显的下沉。

①土的冻胀条件。

土冻胀的基本条件是:土中含有足够的水分;有能使水相变为冰的负温度;水结晶成冰后能导致土颗粒发生位移,并在宏观上使土体积增大。

在冻土力学中,把这类能够产生冻胀的土叫做“有冻胀危险性土”,或简称为“冻胀土”;若土体冻结时不产生土体的膨胀现象,则称为“没有冻胀危险性土”或简称“非冻胀性土”。一般情况下,常把细粒土(黏性土壤),视做冻胀土,而把粗粒土如碎(砾)石、中粗砂等视为非冻胀土。但因影响土的冻胀能力的因素很多,一定条件下,有时冻胀土可能不发生冻胀,而非冻胀土又可能发生冻胀现象。例如：冻土中含水率很小，或处于和外来水隔绝（既封闭系统）情况下的冻胀土，仅靠土中本身的孔隙水结冰形成的体积增大（约9%），就不足以造成土颗粒的相对位移，所以就不会发生冻胀现象；而对不冻胀的中砂，当细颗粒（<0.005mm）含量较高，其他条件具备时，土体也将发生冻胀现象。所以，在实际工程中，对土的冻胀特性的判定要做综合考虑。

②土的冻胀过程。

土的冻胀变形沿冻结深度的分布是极不均匀的，其变化发展过程大致可以分为三个阶段。

a.冻胀的剧烈增长阶段。冻胀量随着冻深的增加，迅速增长，很快达到最大值，并一直可持续到2/3～4/5最大冻结深度为止。在季节冻土地区，这个持续时间约1个月，多年冻土地区持续时间稍短。一般地说，最大冻结深度越浅，达到最大冻胀量的时间也越短。

b.冻胀稳定阶段。在负温作用下，尽管冻结深度继续增加，但冻胀量基本处于增长缓慢或不增长的稳定阶段。该阶段持续时间，季节冻土区一般为1.5～2个月，多年冻土地区为3.5～4个月。

c.冻胀量下降阶段。土体温度回升，地表开始融化，而冻深仍在继续缓慢地增加，但冻胀量已相应地开始下降。持续时间为1～1.5个月。该阶段是季节冻土区冻胀危险性最大的时期，可造成道路翻浆和地基沉陷等冻害现象。

除此之外，冻胀沿冻结深度的分布又大致可分为两个冻胀带，即主冻胀带和弱冻胀带。表层土至1/3最大冻结深度范围以内，冻结发展迅速，冻胀量除很快达到其峰值以外，同时也大约完成了整个冻胀的60%以上，故称为强冻胀区。从1/3～2/3（或4/5）最大冻结深度范围，冻胀量沿冻深逐渐减小，其冻胀数值为整个冻胀量的30%～35%，故称中等冻胀区。在2/3（或4/5）以下最大冻结深度范围，冻胀急剧减小，其冻胀量值仅为整个冻胀量的5%～10%，所以一般称为弱冻胀带或弱冻胀区。由于该范围内冻胀量、冻胀率均很小；而且从冰的构造上看，多呈粒状，因此，这层土对建筑物一般不会带来危害。另外，有的还存在只冻结不冻胀的非冻胀区，一般发生在靠近最大冻深线以下，厚度变化在10～25cm之间。

(2)路基土冻胀影响因素

路基土冻胀影响因素有很多，但是最主要的因素包括土的种类、水（湿度）、温度、冻结土压力等。

①土质类型。

土的分散性是反映土冻胀性的一个重要物理指标。它表示土颗粒成分、尺寸、形状、结构特征以及它们之间的组合关系等；同时又与水分的迁移密切相关。因此，对土的冻胀性影响很大。

在粗粒土中，粒径大于0.1mm时，在无粉黏粒充填情况下表面能很低，表面吸附作用几乎没有，很难形成薄膜机构或毛细机构。冻结期间，在重力作用下，水分一般向下层转移，而不会向上层转移。此时，只有土中孔隙水冻结引起的冻胀。因此，冻胀性很小，可视为弱冻胀土或不冻胀土。当粒径尺寸为0.1～0.05mm的细砂时，即使在饱和水状态下冻结，冻胀性也很小，仍可视为弱冻胀性土；随着土颗粒粒径的减小，冻结过程中水分迁移量急剧上升。当粒径为0.05～0.005mm时，土具有最大的冻胀性，属强冻胀土。

各类土的冻胀强弱大致按下列顺序减小：黏土>粉质土>亚黏土>砂土>砂砾石。土的平均粒径与冻胀率的关系如图 2.51 所示。

另外，路基土的密度也会对冻胀产生影响。在三相体系中，土的密度对冻胀的影响主要视其土体被水饱和的程度，即饱和度的变化情况。土体密度增加，只是缩小了土体中的孔隙，一般情况下，并不改变土中水分的含量，但却改变着土体的饱水程度。它们之间的互相关系为：

$$W = \frac{S_r(G_s\rho_w - \rho_d)}{G_s\rho_d} \tag{2.2}$$

式中：W——路基土含水率，%；

S_r——饱和度，%；

G_s——土颗粒密度，g/cm³；

ρ_w——水的密度，g/cm³；

ρ_d——土的干密度，g/cm³。

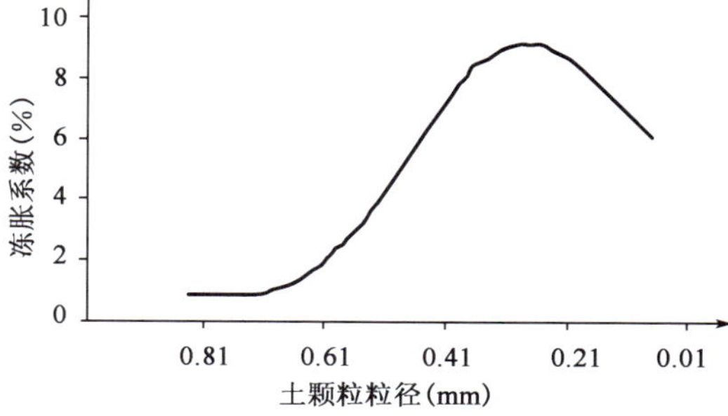

图 2.51　土粒粒径与冻胀系数关系

所以，在一定含水率情况下，增大土体的密度，就相当于提高了土的饱和度，结果，使土的冻胀性随密度的增大而增大。

②水分。

土的冻胀是由于土中水分冻结成冰造成的土体积膨胀，因此水分是土冻胀的首要条件，而土中水分的多少，又是引起土体冻胀强弱的基本因素。

工程实践表明，并非所有含水土体都会产生冻胀。而只有当土中水分超过某一界限值后，才有冻胀现象的发生。通常将这个“界限”含水率称为“起始冻胀含水率”。即在稳定负温条件下，冻胀系数 $\eta \approx 0$ 时的土体含水率，也就是引起土体冻胀的最低含水率。此时，水分冻结成冰后发生的体积膨胀只能将土体中的孔隙填满，而不是使土颗粒之间产生相对位移。但当超过这个水分“界限”，就将有多余的膨胀量，挤压周围的土体，造成土颗粒的相对位移，从而发生冻胀现象。

不同土体因为性质不同，所处的自然状态及冻胀机理不同，所以，每种土都具有各自的起始冻胀含水率。试验资料表明，当土体密度一定时，土的起始冻胀含水率可用式(2.3)估算：

$$W_0 = \alpha W_p \tag{2.3}$$

式中：W_0——土的起始冻胀含水率；

α——系数，一般取 0.80～0.84；

W_p——塑限含水率。

从式(2.3)可以看出，不同的土体密度有不同的起始冻胀含水率。

③温度。

负温度是土冻胀的必要条件之一，土的冻结和冻胀过程，实际上始终伴随着负温度的变化而进行。土体在某一个负温下开始冻结，又在不同的负温下显示出不同的冻胀特性。

土的起始冻结温度与土中含水率的大小有直接关系。含水率增大，土的冻结温度也相应随之升高，直接接近土中自由水的冻结温度。也就是说，土的冻结温度实际上是指土中孔隙水结晶成冰时的温度。由于不同土质的分散程度、矿物成分以及水溶液的浓度不同，所以，各有不同的起始冻结温度。一般砂土，冻结温度为 0～−0.2℃；一般黏性土在 0～−2.5℃。

在封闭体系中，土中水分随负温下降而不断冻结，未冻水量渐少，冰的数量增多，其冻胀强度随土中温度的降低而增大。在开敞体系中，温度对冻胀的影响主要表现在负温的冻结速率上。如果冻结速率过快，水分尚来不及从下卧土层向冻结锋面迁移，就在原地冻结成冰，因而冻胀性也就很小；反之，如果冻结速率越缓慢，越有利于水分的迁移，其冻胀性也就越大。一般认为，能引起水分迁移连续性的温度为－3～－5℃。

曾经有文献对黏土和砂土的冻胀率与负温的关系进行了研究，如图 2.52 所示。可见冻胀率随温度下降而下降，到一定温度时便不再变化了。

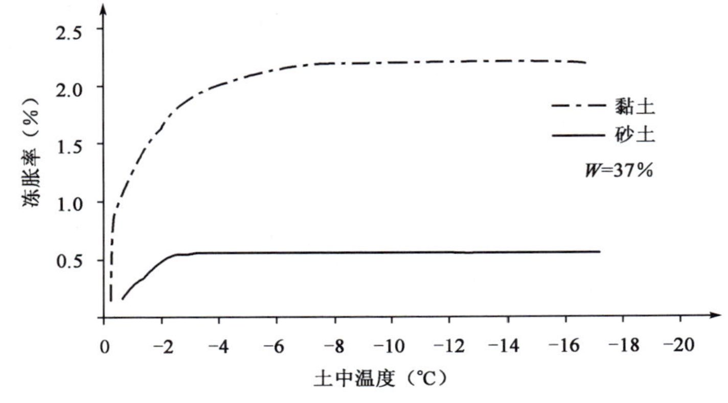

图 2.52　冻胀率与温度关系

从图 2.52 可以看出，土体冻胀可分为三个阶段。

a. 冻胀剧烈增长阶段。

土体冻胀随负温的降低而剧烈地增长，其增长值占最大冻胀值的 70%～80%；负温变化范围为起始冻结温度至－3℃，也即未冻水剧烈减少段。

b. 冻胀缓慢增长段。

土体冻胀增长缓慢，其增长值一般占最大冻胀值的 15%～20%；负温变化在－3～－7℃。土中未冻水量也同样处于缓慢减少的过渡段。

c. 冻胀相对稳定段。

土体冻胀处于稳定或略有增加，冻胀率一般小于 5%；负温变化在－7～－10℃；土体中未冻水量减少十分缓慢。由图 2.52 可知，不同土类，这三个区段的温度范围是不相同的，如砂类土，三个区段的温度范围分别为 0～－1℃；－1～－2℃；－2～－3℃。土的分散度越大，冻胀的稳定温度越低。如第三区段中，砂类土和黏土的稳定温度各不相同，砂类土高，黏土低。这与不同类的未冻水随负温度的变化规律是相呼应的。一般来说，土的冻胀温度总是稍低于土的冻结温度，试验资料表明，黏性土一般要低－0.5～－0.8℃；砂性土低－0.2～－0.3℃。对工程有实际意义的是冻胀停止温度。在封闭系统中，黏性土为－8～－10℃；亚黏土为－5～－7℃；亚砂土为－3～－5℃；砂土为－2℃左右。

④冻胀力。

路基土体冻胀的直接结果是在路基路面结构中产生冻胀力。冻胀力是路基土发生冻结时，土中水部分相变成冰，导致土体膨胀（冻胀）而产生的一种内应力。当路基路面结构置于冻土地基中，冻土层的膨胀受到限制或因受阻不能膨胀时，便产生相当大的冻胀力，作用于路基路面结构。因此，冻胀和约束是冻胀力造成影响的两个必要条件。

冻胀力是由各种外部因素和内部因素综合作用的结果，可呈现不同的力值和方向。工程上一般根据冻胀力对基础结构的不同作用方向和作用效果，将冻胀力分为三类：垂直于冻结锋面、平行于基础侧面的冻胀力，称为切向冻胀力；垂直于冻结锋面而且直接作用于基础底面的冻胀力，称为法向冻胀力；垂直作用于基础或建筑物侧面的冻胀力，称为水平冻胀力。对路基路面工程而言，起主要影响作用的是法向冻胀力。

法向冻胀力是垂直作用于路基底面上的冻胀力。路基土的冻胀和约束是产生法向冻胀力的两个基本条件，缺一不可。也就是说，法向冻胀力值的大小受到各因素的影响，即：冻土的各种特性、冻土层底下未冻土的压缩性、作用在冻土层上的外部压力以及受冻胀作用和影响的路面结构的刚度（或抗变形能力）等。所以，法向冻胀力不是固定不变的值，而是随着诸多影响因素的变化而变化。

第 3 章 运营期路基安全监测

运营期路基安全监测是实现路基安全评价的基础，也是进一步深入了解路基安全病害成因机理与发展规律的重要手段。路基工程的施工期安全监测已经开展多年，积累了许多值得借鉴的成熟技术和经验，但运营期监测仍面临三方面的突出问题需要解决：一是监测内容（包括监测项目、测点布设位置、监测周期等），二是监测仪标选择、数据采集和传输的方式，三是运营期路基安全病害隐患检测与判别。本章充分考虑埋设监测元件对既有工程的影响及人工数据采集的弊端，针对不同工况条件下路基安全问题，提出了运营期的监测方案、监测数据自动采集和远程传输方法，并以实体工程为例，阐述了运营期路基安全监测技术的实施过程。

3.1 运营期路基不同病害安全监测项目和基本要求

3.1.1 监测的必要性

按照现行设计和施工规范建设的工程质量总体上是优良的，然而运营期路基破坏现象的不断发生表明影响路基的安全性因素非常复杂，因此基于单一的强度理论、变形控制要求等评价路基的安全稳定性存在局限性，仅仅通过不定期测试路基土体的强度参数来评价其长期稳定性显然也不现实。目前，解决这一问题的有效途径是通过对目标路基进行科学有效的安全监测而获得相关的数据，进而对这些监测数据采取科学的分析和评价等过程来完成。另外，使用传感器和采集传输装置对运营期路基进行长期和系统的安全监测也是病害诊断、未来发展态势预测、处治方案的选择以及为领导和专家提供决策依据的需要。

3.1.2 监测的基本思想

考虑到路基安全的内涵、安全特征及工程条件的复杂性，监测的基本思想如下。

①就目前高等级公路建设的实际情况看，公路建成后发生整体失稳的情况并不多见，路堤的破坏现象更多地表现为不均匀沉降及其引起局部塌陷（出现路面裂缝或错台等）和路面严重的不平整。从一定意义上讲，局部塌陷也是路基不稳定的一种表现。所以，路基工程安全监测的目标不仅需要保障路基整体稳定性，还需要保障路面结构正常使用性能要求。

②变形和位移是影响路基运营期间结构安全状态最直接、最明显的表现，也是最容易监测到的，并且，变形和破坏是相互关联的，路堤出现整体滑动破坏往往伴随着大变形；另外，由于

路基工程监测涉及范围较大,须考虑经济因素,保证在有限资金、有限投入的情况下,紧抓“难点”和“重点”。因此,现场安全监测应以位移监测为主,并兼顾考虑路基不同病害的仪器选择、集成和监测方法。

③在建设条件非常复杂的路段,为使安全监测和分析评判更为全面,除考虑位移监测外,还可增加土压力、孔压、温湿度、雨量计、应力应变等测试项目,甚至有必要结合路基所处的地质结构和地貌特征、气候变化、综合排水状况以及路基含水率变化,考虑布设纵向开裂滑移等埋设传感器,以达到对特殊路段重点布控。

④运营期路基安全监测是为了对路基病害进行预防,保障公路通畅运行,避免或减少对国家和人民财产造成损失。因此,监测的时效性、安全性尤为重要。监测的实施是一项比较繁杂的系统工程,从监测路段选择、传感器选定及布置埋设、数据采集和传输到监测数据的分析环环相扣,费用较高,所以简单方便、可操作性也是监测的基本要求。另外,还要遵循监测系统的环境温湿度适应性、车辆动荷载等外力作用下可靠性、统一性的原则。

3.2 监测对象和工程条件

3.2.1 监测对象

运营期路基安全监测的对象是已经发生安全病害或存在病害隐患的路基,监测的范围包括地基、路基本体和填方边坡。

(1)存在安全病害隐患的路基结构

运营期的典型路基虽然暂时没有发生安全病害,但是由于繁重的交通荷载和外界不利环境因素的影响,路基存在发生安全病害的隐患。通常,山区丘陵地带填方特别高的路堤边坡(10m 以上)、软土地基上修筑的高填方路堤、软弱不良地基段落的桥头引道、降雨密集及地质灾害多发地区的高路堤等都是存在安全病害隐患的路基。

(2)已经发生安全病害的路基结构

有些路基结构在运营过程中已经不同程度地发生了安全病害现象,是运营期安全监测需要重点关注的对象。

高填方路堤发生了滑动的趋势后,在坡顶附近可能会产生圆弧形失稳裂缝,其形态如图 3.1 所示。该种裂缝的平面形态呈现为在两端或一端向路缘方向发展,裂缝深度开展形态呈现为向下伸延同时弯向路基边缘的弧形。这类裂缝发展一般由缓慢逐渐加快,存在一个发展的活跃期,活跃期内裂缝的发展速度快。滑动裂缝是路基失稳安全病害的典型征兆,一旦发现应及时采取措施,阻止裂缝发展到活跃期而产生破坏。

3.2.2 监测的工程条件

运营期路基安全监测的工程条件可以从路基结构形式、地基条件、处治技术、地下水情况、环境条件、危害性、监测周期等几个方面进行界定,如表 3.1 所示。

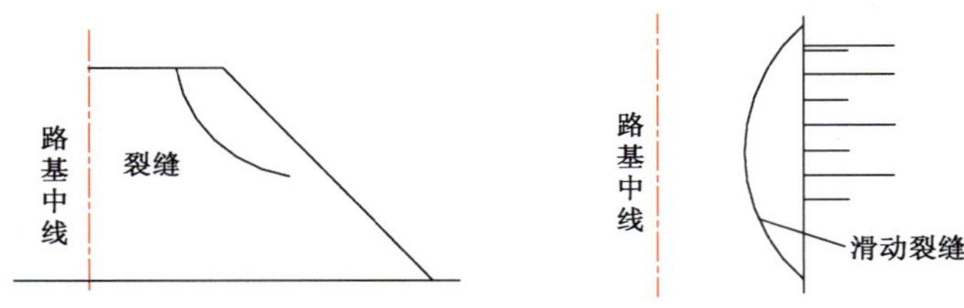

图 3.1 滑动裂缝形态

运营期路基安全监测的工程条件 表 3.1

工程条件	分类情况
路基结构形式	①高路堤；②填挖交界路堤；③低路基；④桥头引道路基
地基条件	①一般地基；②斜坡地基；③软弱不良地基
处治技术	①各种地基处治技术；②各种边坡加固、防护技术
地下水情况	地下水对路基存在不同程度影响
环境条件	①沿河洪水；②持续、强降雨；③地震；④冻融
危害性	①直接导致人员伤亡；②增加交通安全隐患；③影响行车舒适性
监测周期	①与施工期衔接；②运营前期监测；③运营长期监测

由于公路工程的复杂性，不同工程条件下路基安全病害的成因机理、表现形式各不相同，因而也就决定了现场实施的监测系统存在差异性和不确定性。实际上，工程条件和外界环境稍有变动时，监测量和所采用的监测设备有可能发生相应的变化。所以，运营期路基安全监测并不存在一个适合所有情况的标准系统，而是需要根据工程实际情况确定一个相对合理的监测系统。因此，在监测工程实施之前，应当对工程资料进行广泛收集和分析，必要时进行现场检测勘查和试验，明确路基的安全问题所在。

3.3 运营期路基监测方案

根据路基安全的内涵，运营期路基安全监测的核心内容是路基各点位的变形监测。本节将提出不同工程条件下运营期路基安全监测方案，包括监测项目、监测周期、监测频率以及测点布设位置。

3.3.1 监测项目

根据路基安全机理分析的结论，并且参考和借鉴路基施工期的监测方法，提出运营期路基安全监测的项目主要包括：地基沉降、地基水平位移（坡脚）、边坡位移（坡顶）、路基顶面沉降、桥头错台、地下水位、孔隙水压力、降雨、地震、洪水位及流速；在季冻区可增设路基土内部温、湿度以及冻胀量监测。

3.3.2 监测周期及频率

根据路基安全的内涵及监测目的，可以将运营期路基安全监测项目分为两类：第一类是影响路基稳定的安全监测项目，包括地基沉降、地基水平位移、边坡位移、降雨、地震及洪水；第二类是影响路面使用性能的安全监测项目，包括地基沉降、路基顶面沉降、桥头错台、基底脱空、地下水位、温度、湿度及冻胀量。各监测项目的名称、监测目的及工程条件如表 3.2 所示，以下分别根据监测项目的类型制定监测周期及频率。

路基安全监测内容　　表 3.2

监测项目		监测目的	监测的工程条件	监测手段
影响路基稳定的安全监测项目	地基沉降	地基稳定性	软基路堤、高路堤、填挖交界	沉降计
	地基水平位移	路基整体稳定安全	软基高路堤、软基填挖交界	位移计
	边坡位移	边坡局部稳定安全	高边坡	位移计
	降雨	降雨对路基稳定的影响	配合地基位移和边坡位移监测	雨量计
	地震	地震对路基稳定性影响	配合地基位移和边坡位移监测	查询信息
	洪水位	洪水对沿河路堤稳定影响	沿河路堤洪水易发段	查询或监测
	洪水流速	洪水对沿河路堤稳定影响	沿河路堤洪水易发段	查询或监测
影响路面使用性能的安全监测项目	路基顶面沉降	路基顶面沉降不均匀性	软基路堤、高路堤、填挖交界	沉降计
	地下水位	地下水对路基的影响	地下水位较高	水位计
	孔隙水压力	地基固结情况	配合地基沉降监测	孔压计
	桥头错台	路桥接合部沉降不均匀性	桥头引道	水准仪
	基底脱空	路基局部不协调变形	低路基	探地雷达
	温度	路基土内部温度状况	季冻区路基	温度计
	湿度	路基土内部湿度状况	季冻区路基	湿度计
	冻胀量	冻胀对路面结构影响	季冻区路基	冻胀计

注：在具备监测条件的情况下，表观位移可以采用 GPS 等空间技术进行观测。

按照运营期为公路正式通车后，大、中修或改扩建工程实施前时间段的划分方法，运营期一般为十几年，考虑路基安全问题基本发生在初期或早期，因此，路基安全监测周期一般为3～5年，但近年来极端气候较为频繁，对路基安全构成隐患，出于交通安全的影响，各地区应根据情况采取灵活的方式确定监测周期，即将运营期作为一个监测周期，并将路基运营初期和极端气候出现的时段作为不同的监测时段对待，或者把路基运营初期与极端气候出现时段分别作为单独的监测周期。

(1)影响路基稳定的安全监测周期及频率

运营期路基稳定安全监测有两个重要的监测时段：初始阶段监测和高危时段监测。

①初始阶段稳定安全监测。

自监测系统运行启动，需要及时掌握监测对象初期的变形稳定安全状态，以便决定后续监测工作的策略。初始稳定安全监测结束后，可以降低相关监测项目的数据采集频率或者暂停监测；对于极少数持续不稳定的段落，应当保持一定的监测频率，直到对其采取安全处治对策。

初始稳定安全监测应当采用最高频率（建议 1 次/昼夜）连续采集一周内的各项监测数据，对目前路基稳定安全状态进行评判。若稳定安全状况无异常，可以降低读数频率或停止监测；如果稳定安全异常，则应当持续监测或者采取处治措施。原则上，地基沉降、地基位移及边坡位移监测项目的常规数据采集频率不应低于1次/月。

②高危时段稳定安全监测。

统计资料显示，大多数路堤边坡的失稳破坏发生于持续强降雨、地震、洪水等不利时段，这些时段是稳定安全监测的高危时段，需要对路基开展严密的稳定安全监测工作。

强降雨时期的路基稳定安全监测应当自降雨来临之日起开始，至降雨结束后稳定安全评判无异常方可停止。建议此时段内数据采集频率不应低于1次/3d；当分析监测数据提示路基变形速率逐步增大时，应当进一步提高采集频率至1次/2d或1次/昼夜。

震源深度较浅的里氏4～6级地震或者7级以上强震灾害对路堤边坡的稳定安全会造成显著影响，应当在灾害发生的第一时间组织开展必要的稳定安全监测工作。该时段监测频率可采用初始时段的监测频率，即地震发生后采用最高频率(1次/昼夜)连续采集一周的数据，若稳定安全状况无异常，可以降低读数频率或停止监测；若稳定安全异常，则应当及时采取处治措施。

洪水来临之际，应当对洪水位及流速进行24h实时监控。条件不允许时，可以向水利部门查询和下载相关数据。

(2)影响路面使用性能的安全监测周期及频率

目前，高等级公路软基路堤工程都需要开展施工期的安全监测工作。考虑运营期路基土中埋设监测传感器的难度较大，甚至需要破坏路面结构，因此，建议在路基工程建设中可以将施工期的监测元件予以保留，到了运营期再进行集成利用。这样做一方面可以获取施工期和运营期全过程的监测数据，另一方面节省了人力、物力和财力，也减少了因布设监测系统对正常交通的干扰。

从理论上讲，导致路面结构的损坏可能发生于路基运营期的任何时段，因此有关使用性能安全监测应当贯穿整个运营期。但是，根据实际工程中路基安全病害调研的情况可知，路面使用性能安全病害多发生于运营的初期，尤其是通车两三年以内发生的早期安全病害较为突出。这些早期安全病害反映了运营期的前两年路基发生了过量的不协调变形。所以，公路竣工后的前两年是路基使用性能安全监测的重要周期。因此，桥头错台观测以及病害路段的检测应结合公路部门的养护管理计划制定相应的频率，原则上至少每半年应当测定一次。季冻区温度和湿度、监测周期和频率，应当根据季节的周期性变化来确定，如在吉林省，温湿度监测可以从11月初开始持续到第二年5月初，监测频率不小于1次/2周；而冻胀量监测可以从12月中旬开始，每10d监测一次，可一直持续到第二年三月中旬。

3.3.3 运营期路基安全病害隐患检测及测点布设位置的确定

公路通车运营后，在诸多因素的综合作用下，典型路基会出现各种病害和安全隐患。为了提高监测针对性，有必要先对存在的病害路段进行系统的检测，为确定监测断面和点位提供依据。

目前的检测方法和手段大致可分为无损和有损检测两种。无损检测就是利用声、光、磁和电等特性，在不损害或不影响路基使用性能的前提下，检测路基中是否存在缺陷或不均匀性，给出缺陷的大小、位置、性质和数量等信息，进而判定路基所处的使用状态，确定需要跟踪监测的具体路段。目前公路上对路基本体无损检测主要采用探地雷达和瑞雷波检测技术。有损检测主要包括地质钻探、挖探，这种方法对路面局部有一定的损坏，检测成本较高且效率低，在路面探坑检测时还将影响行车安全，但是为了直观认识和客观对比，进行钻探或挖探也是十分必要的。

(1)探地雷达法检测技术

探地雷达(GPR)技术是一种电磁波检测技术，它利用地下介质对广谱电磁波的不同频率响应来确定目标介质的分布特征。GPR 工作时，向目标体发射一个高频电磁波的短脉冲，其中部分能量被地下具有电性差异的界面反射到地表，地表则使用一个接收器监测反射量与接收延时的比值。向地下发射能量到接收机接收到脉冲的地下延时，是电磁波在地下介质中的传播速度和地下反射体深度的函数。概言之，高频电磁波在介质中传播时，其波速、路径、电磁场强度与波形将随所通过介质的电性质及几何形态而变化，所以通过对时域波形的采集、处理和分析，可确定地下界面或地质体的空间位置及结构状态。现场检测如图 3.2 所示。探地雷达检测属于无损检测，且方便快捷，但检测设备购置费较高，需要经过专门培训且有实际检测经验的人员进行后期图像识别与分析。

a)

b)

图 3.2 探地雷达现场无损检测

在病害表现最突出的春、秋季节，以某边防公路为例，对其分别采用无损和有损方法进行典型病害检测。该路线位于吉林省东南部中朝两国国界河鸭绿江中方一侧。公路通车运营 2 年多来，该段路基多处出现沉陷、融沉、冲刷、开裂等病害。从表观来看，K34＋840～K34＋865 段有明显的沉陷现象，经挖探可知其最大沉陷量达 45cm。

K34＋864 断面处出现明显的断裂，现场采用探地雷达和挖探检测结果相吻合，如图 3.3 所示。

(2)瑞雷波法检测技术

瑞雷波检测技术是沿介质与大气层接触的自由表面传播的波，其特点是质点在通过传播方向的垂直面内沿椭圆轨迹作逆时针运动，其长轴垂直于介质表面，长短轴之比大致为 3∶2，随深度呈指数衰减，但在水平方向衰减很慢。

瑞雷波勘探是一种新型的物探方法，它利用了瑞雷波在分层介质中传播的频散特性以及瑞雷波传播速度与介质的物理力学性质的密切相关两种特性。因此，在岩土工程的勘察、施工及监理和监测过程中，借助实测的瑞雷波频散曲线可获得瑞雷波速度、剪切波速度，进而对地层进行划分、确定地基持力层、划分软弱地层的埋深和范围、评价基岩的完整性及划分场地土类别等。现场检测如图 3.4 所示。

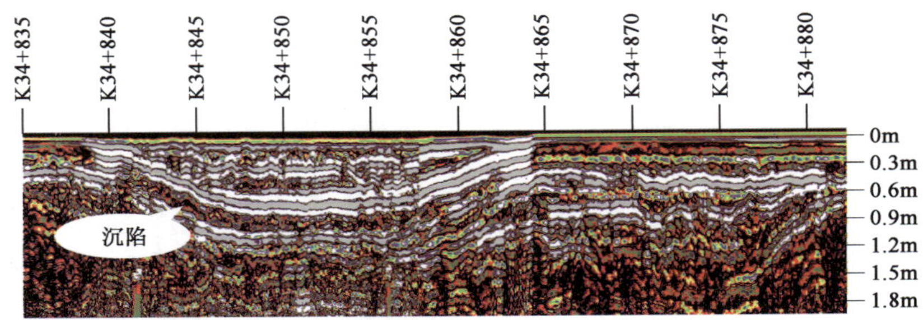

图 3.3　K34＋864 断面处雷达检测结果图

a)

b)

图 3.4　瑞雷波现场无损测试

以东北地区某高速公路辅道 K606＋100～K606＋550 范围内半幅路面出现失稳滑塌为例，由瑞雷波波速随深度变化曲线可以看出，发生滑移一侧瑞雷波速在 1.8～1.9m 深度处发生减小突变，与实际路基病害相符，如图 3.5、图 3.6 所示。

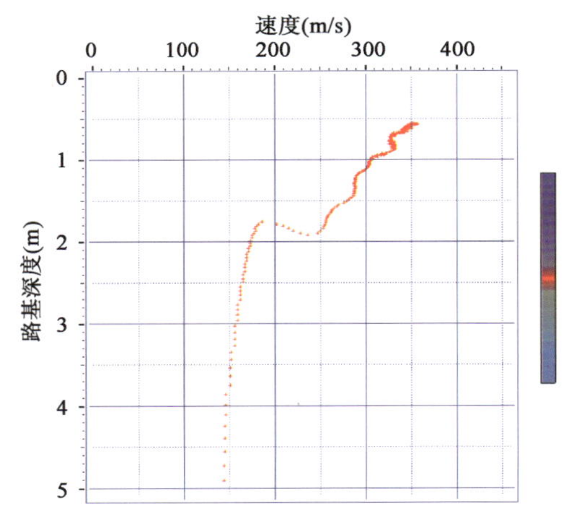

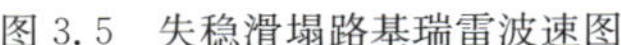

图 3.5　失稳滑塌路基瑞雷波速图

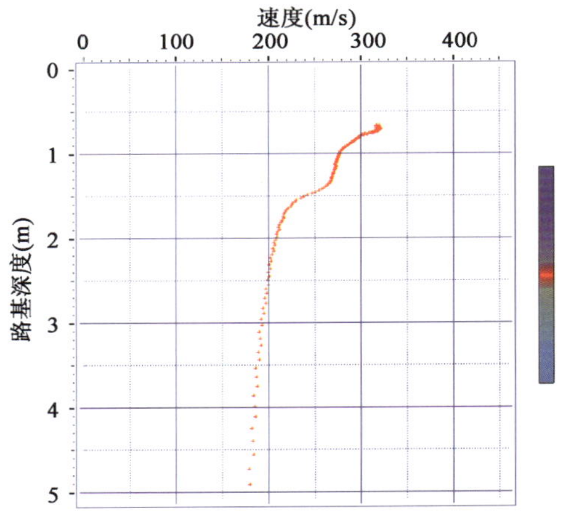

图 3.6　路基完好瑞雷波速图

瑞雷波勘探具有轻便、快捷、高效，浅层分辨率高等特点，同时瑞雷波勘探是无损勘探，能较准确地给出不同层位的岩土体纵、横波速度，进而可以计算出岩土体的力学参数，为设计和施工提供参数依据。

在公路、机场跑道无损检测中，利用人工激发的高频瑞雷波，测出路面、路基的波速，进而计算出路面的抗弯拉、抗压强度及路基的载荷能力，以及各结构层的厚度。

(3)钻探、挖探法检测

采用钻探、挖探法进行运营期路基检测具有直观可靠的特点和优势，也能为后期试验分析直接钻取芯样或挖探取样。但要求检测人员具备一定的专业知识和丰富的现场分析评价经验。该方法对路基、路面均有一定程度的破坏，且影响通车运营，必要时可以考虑采用作为无损检测验证和评价的辅助手段和措施。现场检测如图 3.7 所示。

a)

b)

图 3.7 钻探、挖探现场检测

(4)其他检测技术与方法

在运营期路基安全病害隐患检测中，除先进的无损检测和直观的有损检测方法外，最常用的还有表观检测、路基内部强度检测、路基内部含水率测定。

①表观检测，主要包括三米直尺、水准仪、米尺量测，照相。这种方法简单、直观有效，但要求检测人员要具有丰富的现场经验(图 3.8)。

a)

b)

c)

图 3.8 三米直尺测量、获取土样、室内试验

②路基内部强度检测，通过路面反映出来的开裂、沉陷、推移等病害，部分原因是由于路基稳定性变差，在荷载反复作用下，强度不足，从而产生的过量变形。有关路基强度如压实度、弯沉、回弹模量、CBR 值等检测指标，可以采用灌砂法、环刀法、核子密度测定法、落锤频谱式路基压实度快速测定仪、承载板法、贝克曼梁法和 FWD 法来测得。

③路基内部含水率测定，通过对路基内部含水率状况的了解，结合路基填料种类与交通荷载、当地水文气象资料，可以掌握路基强度衰减的规律，进而评价路基安全状态。

3.3.4 典型病害监测方案

由于路基结构几何形式及地形的复杂性，并不存在标准的监测断面。本节仅以平坦地基上的路堤结构为例提出典型病害的监测方案。

(1)路堤变形与坍塌监测

路基变形与坍塌分为高填方路堤大边坡失稳、填挖交界失稳、填浜区域失稳及软土地基失稳四种情况。高路堤大边坡失稳安全病害监测主要针对的工况条件为高填方路堤(一般地基上填方10m以上，软土地基上填方6m以上)和填挖交界路堤(包括斜坡和折线形横向填挖交界路堤、拓宽路堤、新旧搭接路堤等)，监测内容见表3.3。其中，高填方路堤、软土地基的监测点位布设如图3.9所示，填挖交界路堤的监测点位布设如图3.10所示，填浜区域路基参照填挖交界路基布设。

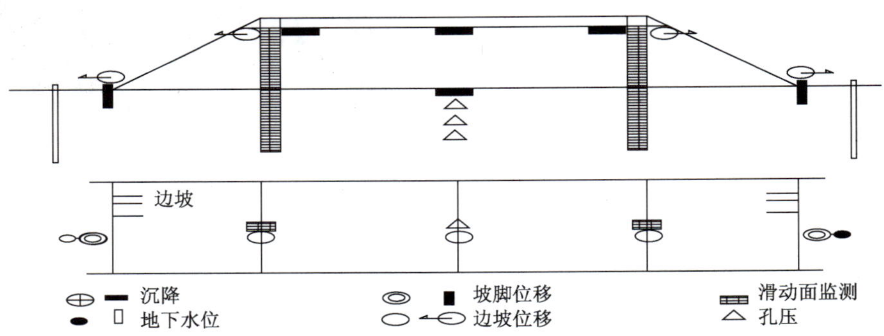

图3.9　高填方路堤大边坡失稳、软土地基失稳安全监测断面

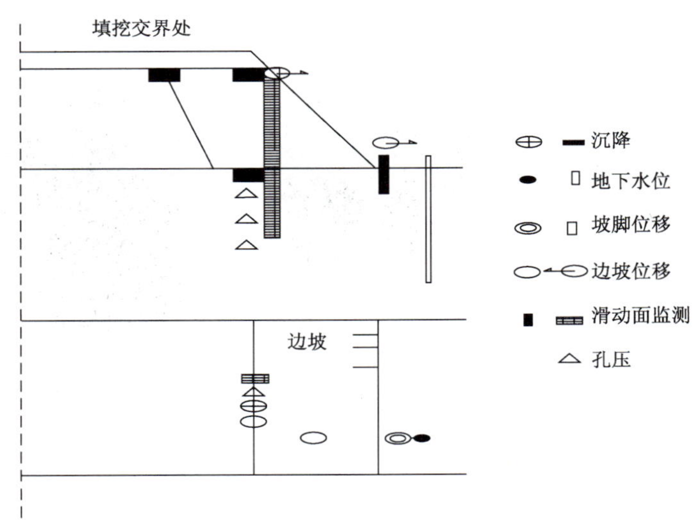

图3.10　填挖交界路堤稳定安全监测断面

路堤变形与坍塌安全病害监测内容　　表 3.3

监测项目	测点位置		监测目的	监测手段及监测数据
	高路堤	填挖交界路堤		
地基沉降	路基中线原地面	填方最厚处	反映地基整体稳定性	采用沉降计监测地基沉降值
堤顶沉降	路基中线及两侧路边	填方一侧路边及填挖交界处	反映地基整体稳定性	采用沉降计、沉降板监测堤顶沉降值
地基水平位移	填方体坡脚处原地面		反映地基整体稳定性	位移边桩
边坡位移	坡顶及坡面		反映边坡局部稳定性	测斜仪
滑动面	从坡顶向下直至地基内部		反映滑动面范围和运动趋势	采用横向位移计监测横向位移值
失稳裂缝	路肩附近		反映路堤稳定性发展趋势	采用横向位移计监测横向位移值
地下水位	边坡附近		反映地下水对路基的影响	采用水位传感器监测地下水高程
孔隙水压力	路基中线	填方最厚处	反映地基固结状况	采用孔隙水压力计监测孔隙水压力值
降雨	雨量计监测点		反映降雨对稳定性影响	采用雨量计监测
地震	地震局采集信息		反映地震对稳定性影响	国家地震局发布数据
工程现场巡查	路堤边坡现场		反映稳定性的宏观信息	现场巡查

注：所有监测点都尽量布设于同一横断面上，条件允许时可根据病害路段的长度布设平行监测断面。

(2)软基路堤工后不均匀沉降监测

软基路堤不均匀沉降安全监测主要针对的工况条件为修筑于软土地基上的高路堤、填挖交界路堤(含拓宽及新旧路搭接)及桥头路段，监测内容见表 3.4。软基高路堤不均匀沉降监测点位布设如图 3.11 所示，软基填挖交界路堤不均匀沉降病害监测点位布设如图 3.12 所示，可根据病害路段的长度按照一定间隔布设监测断面。桥头引道路段沉降监测点位布设如图 3.13 所示。在路桥接合部附近路侧 60m 范围内布设地基沉降测点，在引道一侧的中线位置和两侧路边每隔 5m、10m、15m、20m、25m 分别设置堤顶沉降监测点(有中央分隔带的情况，则在分隔带两侧分别设置堤顶沉降测点)，用以监测引道路段纵向及横向不均匀沉降情况。

软基路堤不均匀沉降安全病害监测(检测)内容　　表 3.4

监测项目	测点位置		监测目的	监测(检测)手段及监测数据
	高路堤	填挖交界路堤		
地基沉降	路中及路边	填方最厚处	反映地基沉降变化	采用沉降计监测地基沉降值
堤顶沉降	路中及路边	填方最厚及交界处	反映堤顶不均匀沉降	采用沉降计、沉降板监测堤顶沉降值
堤顶位移	路基顶面		反应堤顶横向位移	采用水平位移计监测堤顶位移值

续上表

监测项目	测点位置		监测目的	监测(检测)手段及监测数据
	高路堤	填挖交界路堤		
路堤内部湿度	填筑体内沿一定深度分布		反映填方体内部湿度状况	采用湿度传感器监测路基湿度场变化
地下水位	边坡附近		反映地下水对路基影响	采用水位传感器监测地下水高程
孔隙水压力	路基中线	填方最厚处	反映地基固结状况	采用孔隙水压力计监测地基孔隙水压力消散
基层顶面脱空	车道的轮迹带位置		反映基层地面脱空状态	探地雷达
平整度	—		反映路面平整状况	平整度仪
路面损坏调查	—		反映路面性能损坏状况	综合测定、现场巡查
桥头错台量	路桥接合处		反映桥头纵向不均匀沉降	采用沉降计、沉降板监测

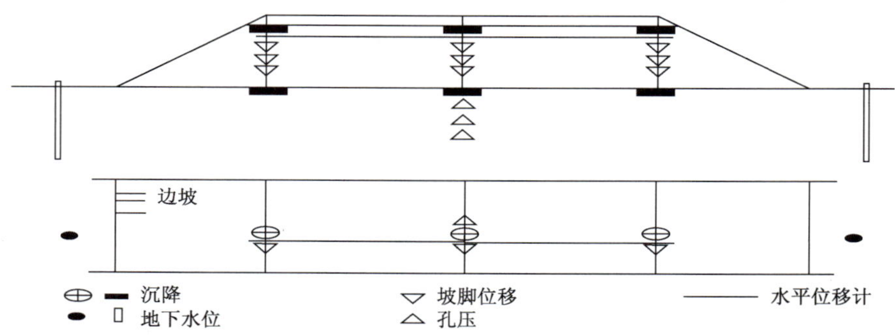

图 3.11　软基高路堤不均匀沉降病害监测点位布设

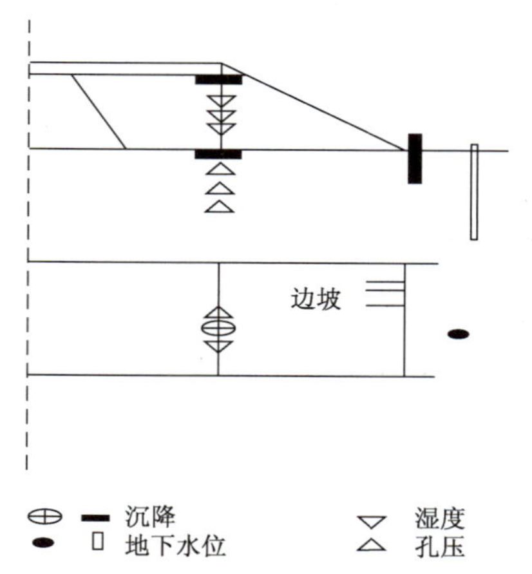

图 3.12　软基横向填挖交界路堤不均匀沉降监测点位布设图

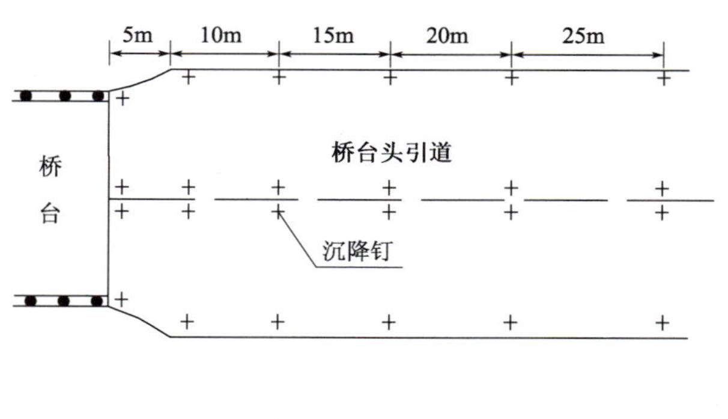

图 3.13　桥头引道路段沉降监测点位布设

(3)季冻区路基冻胀融沉监测

季冻区路基冻胀融沉安全病害监测的目的主要是通过路基温度、湿度、冻胀变形、冻胀力等冻胀特征的观测，分析路基冻害的原因及冻胀融沉变形对路面结构的影响，为制定路基冻胀安全病害防治和养护措施提供依据，监测内容见表3.5。

季冻区路基冻胀融沉安全监测内容　　表3.5

监测项目	测点位置	监测目的	监测手段及监测数据
路基温度	左右两侧坡中、路肩、1/4路中及路中心	反映路基断面冻深发展情况	采用温度传感器监测路基温度场变化
路基湿度	路中心	反映冻结水上升情况	采用湿度传感器监测路基湿度场变化
冻胀融沉变形	轮迹处、路中心及路肩	反映路基断面冻胀变形融沉分布情况	采用沉降计监测路基冻胀融沉变形值
冻胀力	轮迹处、路中心及路肩	反映路基断面冻胀力分布情况	采用静态土压力盒监测路基断面冻胀力

(4)沿河路基水毁安全监测

水毁安全监测主要包括洪水水位、流速、流量、路基坡面防护挡墙、路基坡面石砌防护结构、桥涵构造物的位移变化等。根据相应指标的变化，在不同降雨情况下采用水位传感器等相应的监测仪器或传感器进行安全监测，为路基水毁安全进行综合评判提供依据，监测内容见表3.6。

水毁路段安全病害监测内容　　表3.6

监测项目	测点位置	监测目的	监测手段及监测数据
洪水水位	河道、水流	反映洪水规模	采用水位传感器监测水位高程、雨量计辅助监测
洪水流速	河道、水流		采用流速流量仪测定水流速、雨量计辅助监测
洪水流量	河道、水流		采用流速流量仪测定水流量、雨量计辅助监测
路基坡面防护挡墙	挡墙顶、底脚	反映防护挡墙在洪水作用下滑移情况	采用坡脚倾斜仪监测防护挡墙倾角变化
路基坡面石砌防护结构	防护工程顶、坡脚，坡面	反映坡面防护工程受损情况	采用坡脚倾斜仪监测坡面防护结构倾角变化，采用冲刷检测仪监测坡面抗冲刷能力
水毁路段构造物	桥台、涵洞进出口	反映桥涵构造物位移变化情况	采用横向位移计监测桥台、涵洞位移变化

3.4 监测数据自动化采集及智能化远程传输技术

由于人工采集数据的方式不适合运营期路基安全监测，所以为了提高运营期监测的效率、节省人力和物力，有必要建立一套可以实现监测数据自动采集和远程传输的系统。数据自动化采集及智能化远程传输是电子技术在公路路基监测中的集成应用，涉及数据采集信号兼容性、传输协议支持性、数据接收可靠性、供电系统稳定性等方面。

3.4.1 数据自动化采集、传输系统设计原则

总体把握采用稳定可靠、方便简洁、操作灵活、性价比高的系统。

①稳定可靠：从传感器埋设、数据采集、数据传输到数据接收处理是一个较为复杂的过程。要注意仪器的温、湿度适应性，周围外磁场干扰，防雷措施，信号强弱，尽可能做到数据接收专机专用。

②兼容性：国内外市场传感器种类繁多，制造原理也各不相同。系统应具有多功能的硬、软件，要注意系统与各种传感器的兼容性，系统软件要能够自由设置采集频率。

③多渠道数据接收：系统应具有人工观测、数据采集接口，以便在系统建设完成时人工校验或发生故障时辅助人工监测。

3.4.2 数据采集频率

因监测对象工程及通车运营情况不同，故数据采集频率没有明确的标准。但总体要把握以下原则：

①要满足监测的需求，能够及时准确地预测运营期路基的状态。

②依据相应规范标准进行。

③日常监测与特殊监测相结合。

传感器各参量随时间连续变化，按照规范和相关标准进行固定时间间隔监测；在季冻区的春融季节进行加密特殊监测，在雨水较多的夏季进行汛期加密监测，在上午和下午交通量高峰期加密监测。在监测中如果发现数据异常，应及时分析原因，必要时到现场做人工检测，如辅助钻探、雷达检测等。

3.4.3 远程数据监测系统

远程数据监测系统主要由数据采集模块、数据传输模块、供电系统、数据接收终端、防雷器件、接线与通信接口等组成。

路基病害的产生是多因素综合作用的结果，因此对运营期路基结构安全监测应采用不同仪器设备，主要包括位移、应变、温湿度传感器的组合布设以及数据采集、存储、传输、接收设备的系统集成。根据主要监测仪标基本工作原理，对其进行有效集成。

(1)系统集成前监测目标确定

系统集成前需要对路段监测目标进行准确定位，主要从以下几方面入手。

①资料收集分析:施工设计文件、后期养护维修等资料收集及分析;现场查勘,了解路基的几何特性及症状表现。

②关于运营期路基安全监测往往是针对已经或可能出现病害且会影响行车安全的段落进行,所以借助相关仪器进行必要的检测以了解路基病害特征。

表观检测主要包括采用水准仪、皮尺、三米直尺等设备对路基沉陷、裂缝、推移等进行检测。

内部检测可以分为有损和无损检测两种。有损检测直观、生动,一目了然,但对路基损毁大、恢复难、费用高,影响通车,主要包括钻探、切槽、挖探等方法。随着现代技术的不断发展,无损检测得到了深层次应用,主要可采用如前所述的探地雷达法和瑞雷波瞬态面波法。

(2)路基监测设备选择的总原则和标准

①针对不同路基工程情况选取不同功能的监测设备,以满足监测指标的要求。

②要对选择的设备测量精度、自身稳定性、测量范围、耐久性进行筛选。

③要有较强的抗干扰能力,能适应过湿、高温、严寒、酸碱、重载车辆等恶劣环境和荷载的重复作用。

④要考虑监测设备集成后数据采集自动传输功能。

⑤要考虑在路基中埋设的可操作性以及后期维护保养的方便性。

⑥适度考虑经济性,即性价比。

监测设备是运营期路基安全监测系统中的基本要素和重要环节。以上原则和标准是比较理想的状态,实际上要做到十全十美是很难实现的,所以在具体实施中要综合考虑性价比。

(3)传感器筛选

可用于公路路基中进行安全监测的常用仪器从功能上可分为变形监测、压力(应力)监测、渗流监测、温度监测、湿度监测;从对应传感器工作原理上可分为差动电阻式、振弦式、电感式、电阻应变片式、光纤光栅等。

传感器指能感知某一非电量的信息,并能将之转化为可加以利用信息的装置,或者说是将被测非电量信号转换为与之有确定对应关系的电量信号输出的器件或装置。传感器技术(也可以说是测量技术),也就是对一些非电量如压力、力矩、应变、位移、速度、温度、流量、液位、重量等进行检测,在现代化的自动检测、遥控和自动控制系统中,这是必不可少的部分,缺少了传感器技术,自动化将无从谈起,它是实现自动监测和自动控制的基础环节,具体见表3.7、表3.8。

路基中常用监测仪标功能分类表　　表3.7

功　能	分　类	代表产品	代表产品图片	主要技术参数
变形监测	单点变形	单点位移计		量程:20～200mm

续上表

功　能	分　类	代表产品	代表产品图片	主要技术参数
变形监测	分层变形	多点位移计	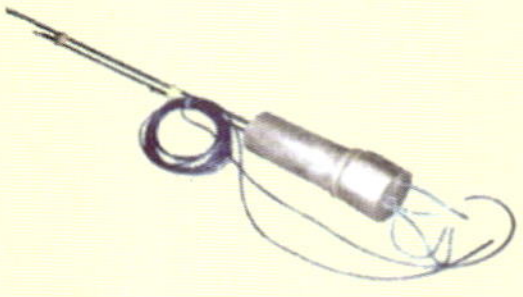	测量范围：0～100mm； 灵敏度 k：≤0.04mm/F； 测量精度：±0.1%F.S
	变形角度	测斜仪	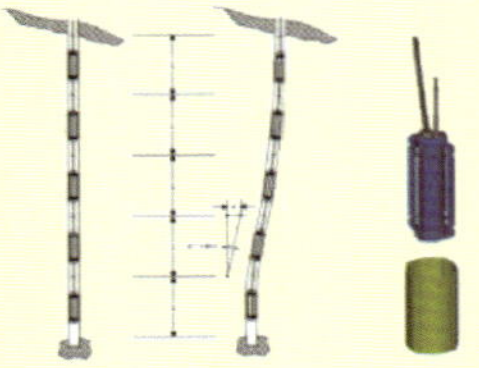	可测量 X 和 Y 两个方向的变化。 量程：±25°； 分辨率：0.01°
	不协调变形	静力水准		测量范围：0～100mm； 工作温度：－25～＋80℃
	地表（路表）变形	GPS一机多天线	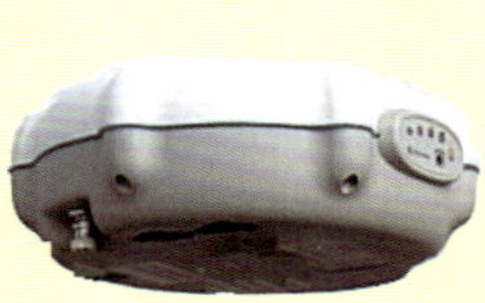	环境工作温度：－30～＋70℃； 精度：水平 $3mm+0.5\times10^{-6}$ RMS，垂直 $5mm+1\times10^{-6}$ RMS
压力（应力）监测	压应力	土压力盒	KDC-PA 	量程：200kPa、500kPa、1MPa、2MPa； 操作温度：－20～＋60℃； 电阻值：350W
渗流监测	渗压	孔隙水压力计	 KPA-PA/KPC-PA  KPB-PA/KPD-PA	量程：200kPa、500kPa、1MPa、2MPa； 操作温度：0～＋60℃； 电阻值：350W

续上表

功　能	分　类	代表产品	代表产品图片	主要技术参数
温度监测	电阻式	温度传感器		温度测量范围：－200～500℃
湿度监测	电压式	湿度传感器		量程：0～100%； 精度：±3%； 分辨率：0.1%
动态监测	振弦式	动态土压力计		规格：0.1～1.0MPa； 使用温度：－30～60℃

系统集成不是简单的设备供货，电缆连接。尤其是在公路路基中应用，必须要考虑所选设备的功能特点是否满足监测需求，并进行相应的改进。针对不同工程条件下运营期不同病害路基结构安全监测进行传感器的筛选，传感器筛选如表3.9所示。

路基中常用监测仪标工作原理分类及经济比较　　表3.8

工作原理	性能特点	经济性
振弦式	抗干扰能力强，稳定性好，零点飘移小，性能稳定可靠，灵敏度高，保护得当可以使用10年以上	价格相对便宜
电感式	结构简单，传感器无活动电触点，工作可靠寿命长；灵敏度和分辨力高，能测出0.01μm的位移变化；传感器的输出信号强，电压灵敏度一般每毫米的位移可达数百毫伏的输出；线性度和重复性都比较好，在一定位移范围（几十微米至数毫米）内，传感器非线性误差可达0.05%～0.1%。同时，这种传感器能实现信息的远距离传输、记录、显示和控制，它在工业自动控制系统中广泛被采用；但其频率响应较低，不宜快速动态测控	价格相对便宜
电阻式	低功耗，小体积，指数线性，可靠性高，使用方便	价格相对便宜

续上表

工作原理	性能特点	经济性
光纤光栅	抗电磁干扰，电绝缘性能好，安全可靠，耐腐蚀，化学性能稳定，传输损耗小，可实现远距离遥控监测、传输容量大，可实现多点分布式测量，测量范围广，可测量温度、压强、应变、应力等	价格比同类传感器高出很多，并且其精度会随着使用受到影响。如一支光纤光栅温度传感器价格为1 900元左右，而一支普通的温度传感器价格为100元左右；一支光纤光栅土压力盒价格为3 000元，而一支普通的土压力盒价格为不足300元
GPS一机多天线	抗干扰能力强，定位速度快，精度高，一机多天线技术可以10～20倍降低系统成本。当电缆传输距离超过30m时，GPS天线信号的传输信号损失相当大。为此需采用低损耗电缆或者光纤传输以及采用GPS信号低噪声放大器将信号增强	GPS用于变形监测虽具有突出的优点，但由于每个监测点上都需要安装GPS接收机，加上基站的建设，造价昂贵，难以推广和应用，仅适用于大规模路基工程监测

运营期路基安全监测传感器筛选表 表3.9

序号	工程条件	典型病害及监测内容	传感器
1	高填方路堤	路基坍塌	横向柔性位移计，单(多)点沉降计
2	软弱地基	沉陷、开裂	单点、多点沉降计，土压力盒，孔隙水压力计，温度传感器
3	低填深挖段路基	冻胀融沉、结构损伤	温、湿度传感器，单、多点沉降计，静、动态土压力盒
4	路基强度衰减段	导致路面弯沉值过大，路面结构出现疲劳开裂和破坏等早期病害	温、湿度传感器，孔隙水压力计，静、动态土压力盒
5	水毁路段	路基边坡坍塌，防护工程损坏	雨量计，水位传感器，坡脚倾斜仪

(4)对所选传感器进行必要的改进、调试

①改进。

用于监测的传感器即使工作基本原理相同，但由于生产厂家不同，外观形态也各有不同，并且公路路基所处地质环境、公路等级不同，传感器在实际应用中会遇到不同的问题。为了使传感器能够达到最优性能，采集数据更加稳定可靠，需要对其进行必要的改进。如单点沉降计用于路基竖向变形监测时，需要根据路基下持力稳定层的深度对测杆长度进行适当调整；柔性位移计用于路基横向变形监测时，需要根据路基宽度适当调整刚性传力杆的长度，对锚固端加以固定等。对所有传感器引线进行必要的备份标识，以防埋设后受到人为破坏等而影响监测数据可靠性。

②调试。

传感器埋设到路基后一般是不可更换的，所以安装前要特别注意质量检查和初始数值标定操作。对不同工作原理传感器输出信号进行数据转换，方便数据采集和传输。

以BY-1型动态土压力传感器为例，为保证产品质量和埋入路基后数据的准确性，在出厂前应进行初始标定。标定公式为：压力 $X=(\mathrm{mV}-A)K$；式中，mV 为毫伏、K 为标定系数、A 为常数。根据各自特性，每个土压力计的 K、A 值均不同，如图 3.14 所示。

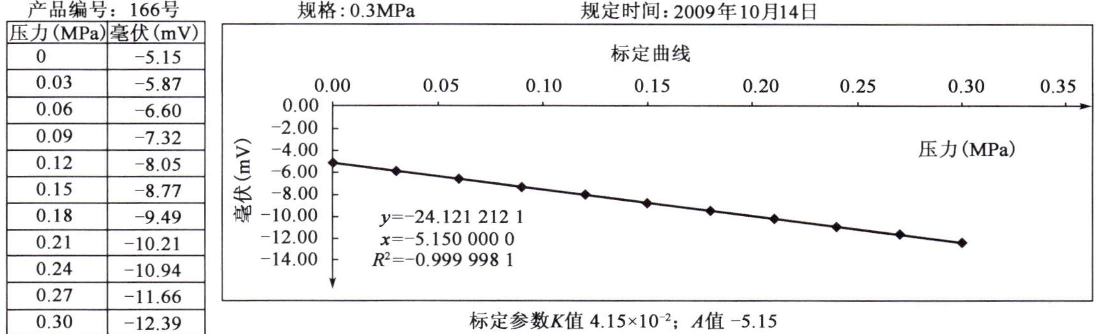

产品编号：166号

压力(MPa)	毫伏(mV)
0	-5.15
0.03	-5.87
0.06	-6.60
0.09	-7.32
0.12	-8.05
0.15	-8.77
0.18	-9.49
0.21	-10.21
0.24	-10.94
0.27	-11.66
0.30	-12.39

图 3.14　BY-1 型土压力传感器标定曲线

(5)传感器的布设

①传感器布设原则。

传感器的布设是整个路基安全监测系统的基础部分，也是工作细节要求最多的部分。为了达到理想的监测效果，要满足以下原则。

a. 要有针对性：传感器的布置要按工程或试验研究的需要、地质条件、结构特点和监测项目来确定有代表性的段落断面。

b. 要有可操作性：根据公路施工及通车运营的特点，运营期路基安全监测有的需要在通车运营以后进行埋设传感器，有的路段特殊情况下甚至要考虑在路基施工期进行。

c. 布置的适宜性：具有不同功能的传感器工作原理也会有所不同，所以要注意传感器间的协调、系统信号的兼容性等。

d. 稳定可靠性：运营期路基要经受低温冰冻、雨水、重型车辆动荷载等恶劣环境影响和条件考验，为了达到稳定可靠，布置的传感器要注意保温、防水、抗振动保护。

e. 经济性原则：在能够保证实现监测目标的前提下，要考虑传感器的经济实用性，做到少花钱多办事。

总的来说，针对不同路段特点，传感器的布置要满足精度、量程、稳定性、可靠性等要求，并从适宜性、经济性分别采用不同的监测方法。

②传感器的系统布设方法。

根据工程条件和项目研究需要，掌握影响路基安全的不同病害特征及病害的机理，确定运营期不同病害路基安全监测设备的系统布设方法。

技术准备：要充分掌握路段设计、施工、后期养护维修资料。制定布设方案，包括传感器类型和数量的选定、布设时间、传感器埋设的层位和数量。

材料准备：必要的钻孔机、开槽机；传感器组装用零配件，如安装架、固定锚栓及保护装置；配套电缆、水工胶带、钳子；回填用水泥混凝土、沥青等材料。

仪器准备：各种专用仪器读数仪，如万用表、温度读数仪、振弦式读数仪等；计算机及相关软件；仪器维修工具等。

根据现场监测仪器的特点确定适宜的布设方法，包括固定、回填、压实、保护措施等。要做到牢固、防风、防寒、防热、防盗。注意传感器与采集传输设备的连接，如发现异常，立即检查原因，如果断线应重新连接。注意传感器的编号及所布设位置，做好记录。全部布设完成后要进行整体测试，发现问题，现场及时处理。

(6)一种"公路路基开裂位移采集装置"的集成

为了取得理想的监测效果，对厂家生产的传感器进行必要的改造和二次开发，使其满足对运营期路基状态的监测。

①设计的技术背景。

由于我国地形地貌复杂，公路高填方路基、新旧道路搭接路基以及斜坡陡坡路基等特殊结构形式随处可见，此类路基普遍存在的路基失稳问题越来越受到重视。路基内部微裂缝延伸到路面往往要延迟数月或更长时间，进行道路表面检查和维护时不易察觉。当路基结构内部破损累积到一定程度，失稳破坏将会瞬时发生，给道路行车带来极大的安全隐患。

目前，公路路基稳定性监测采用人工定期观测或模拟信号传输的形式。前者费工费时，是测工利用水准仪或经纬仪对隐患路基进行测定的传统方法。后者采用的模拟信号在传输过程中受噪声影响大，信号失真率高，采集后需要人工二次后处理，且监测对象都是以监测路基边坡或路表位移为主。通过自行设计加工的监测装置，可以实现路基内部微裂缝扩展情况的实时监测，且传感信号均为数字信号自动传输，提高了监测的精度和效率。

②电感调频式位移装置的设计。

电感调频式传感器的基本结构如图 3.15 所示：在一个圆柱形金属螺旋线圈 2 内有一个可以移动的磁芯 1(测杆)，螺旋线圈 2 的一端 6 与不动点相连，测杆与需要测量的变化端点相连，测杆的位置变化将引起线圈电感量的变化，电感的变化将引起 LC 振荡器输出频率的变化。当测量出频率后，再结合相应的标定系数就可计算出测杆位置的变化，从而达到测量路基裂缝的扩展情况。

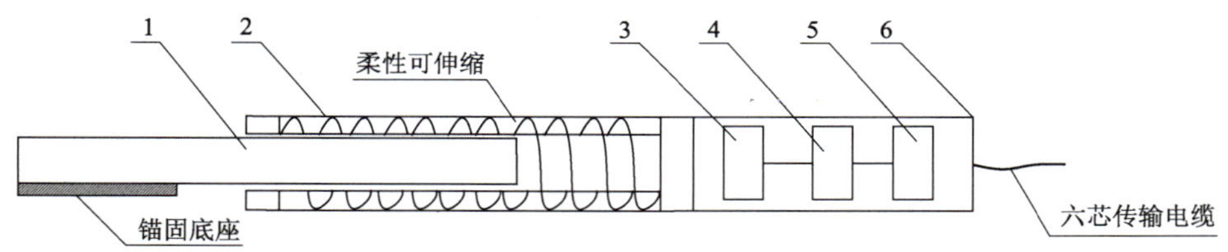

图 3.15　电感调频式传感装置剖视图

为了提高电感调频位移装置的精度，消除环境温度的影响，在其内部封装了一个温度传感器 3 以测量温度并进行温度补偿。串行存储芯片 4 用于存储预置的标定系数和测量数据，A/D 转换器 5 可将模拟信号转换为数字信号。

③路基裂缝位移采集装置的设计。

根据裂缝分布情况选定运营期存在路基开裂失稳隐患的典型监测断面进行开槽，然后布设电感调频式位移传感装置。装置的一端通过锚固底座固定在路基相对稳定的一侧(裂缝的一侧)；另一端通过刚性传力杆和保护套筒固定于裂缝的另一侧。刚性传力杆的作用是保证位移传递的等值性，不会导致路基变形量损失在传导部分，套筒可以使传力杆沿路基横断面自由伸缩。锚固底座由水泥混凝土浇筑形成,保证锚固端与裂缝两侧土体的变形同步。裂缝两侧土体与锚固底座发生移位、倾覆等变化时,柔性测量端的埋入式智能数码电感调频装置将会实时自动记录这种变化,并通过模数转换器将数字信号通过电缆传输给采集模块,并通过 GPRS 公网由无线传输模块发送至监控室,从而实现路基开裂失稳的无线远程监测。

本装置可以实时在线监测公路路基开裂失稳变化,为公路养护部门及时了解失稳隐患路段路基内部状态变化,进行道路维修处置提供决策依据,从而保障道路的畅通和行车安全。

根据监测需求,按照一定的数据采集频率,数据采集模块完成了传感器信号的采集,并将数据存储到指定的存储器中。如何将存储器中数据传输到远程控制中心是数据传输系统的核心问题。

根据公路监测的特点,数据传输可采用有线和无线两种。有线传输可以采用数据处理能力更强、扩展性更好的光纤传输,但价格相对较高。现今通信网络日益发达,信号基本覆盖到乡村,在信号良好的地区可以采用无线数据传输,也是目前广泛采用的数据传输方式。对于无线数据传输,是利用无线传输模块将现场设备输出的各种物理量进行远程传输,利用 GPRS/CDMA网络,通过 INTERNET 传输至数据接收端。

一般采用太阳能供电系统,但为了防止极端天气的影响,可以增加风能供电作为电源的补充。

路基结构监测系统示意见图 3.16,路基结构监测系统基本技术构架见图 3.17。

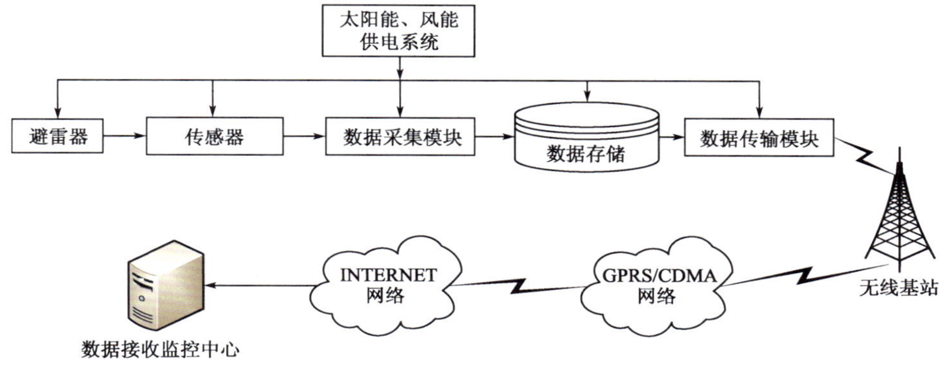

图 3.16 数据监测系统示意图

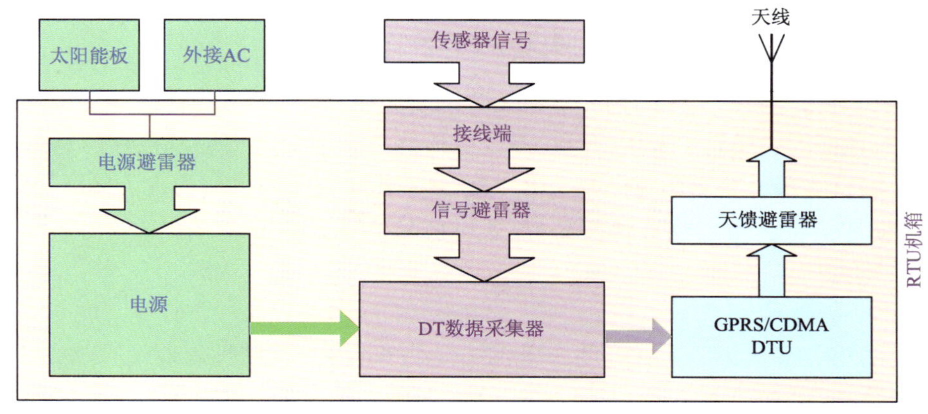

图 3.17 远程监测单元系统结构示意图

3.4.4 数据接收及数据分析、评价、预警

对于数据接收端，编制了专用数据采集软件，用于将各种方式采集到的数据汇总到数据库，并完成数据的显示、处理、转换工作。可将测量数据保存为 Excel 文件，便于后续分析、处理。对于自动化采集系统，采集软件可控制系统定时或按时进行自动化测定。对于自动化采集箱，采集软件可设置采集箱采集时间，读取传感器内存中的数据。

对于数据的进一步分析、评价和预警，采用“路基结构安全监测与养护管理系统”V1.0 版，由安全隐患判定、安全监测数据录入、安全监测信息查询、数据预处理与信息提取、数据分析与处理、路基安全综合评价及预警模块、路基安全养护对策子系统组成，可辅助管理人员对路基结构安全进行管理、分析、评价、预测和养护决策。

3.4.5 自动化采集、传输设备的保护

自动化采集、传输需要通过必要的传输协议与公用网络通信来实现，而集成设备必然部分或全部暴露于空气中，为了保证其传输的有效性，尤其在气候条件恶劣的季冻区，要进行一定的保护。保护主要包括防寒、防热、防雷、防风、防雨、防潮、防人为(施工)破坏七防措施。监测系统建设费时费力，重视来之不易的成果，要十分注意维护工作，具体做好以下几方面的工作。

①现场维护，定期派人或委托当地有责任心人员到现场查看，一旦发现问题及时解决。重点检查立柱是否稳固，监测箱是否漏雨、漏电等。

②数据接收端维护，设专人对接收到的数据定期转存备份，以防丢失。

③定期对通信网卡进行充值，保证无线通信系统畅通。

④设备更新，主要是对供电系统等易耗品的维护更新，尤其是蓄电池的更换。

3.5 运营期路基安全监测案例

借助探地雷达、瑞雷波无损检测技术选择了两个路段，分别为不良地质路基、低矮路堤路段(图 3.18)。采用集成研发的自动化采集和传输设备，对采取了各种处治对策的软弱地基路基、低矮路堤稳定安全性态进行实时远程监测。

3.5.1 运营期公路路基结构失稳和变形监测案例

本案例针对已经通车 7 年的鹤大公路江源镇至大蒲柴河二级公路，该路段为草炭土不良地质路基段，在施工期埋设了土压、孔压、温度等传感器。结合软土地基存在的路基病害和安全隐患，将 2003 年路基施工期埋设的土压力盒、孔隙水压力计等进行了再次标定和启用，并结合新旧搭接部位出现的路基路面结构开裂、变形及安全隐患，增设了自主集成研发的路基开裂位移采集装置。

(1)监测工程概况

该地区属北半球中温带，海拔高度 550～600m，为冰冻季风大陆性山地气候，夏季温暖多雨，冬季漫长寒冷。年平均气温 1.5～2.5℃，极端最低气温－38.4℃。全年降水量在 600～1 430mm 之间，降水量较充足且该地区排水困难。从交通流量统计，鹤大公路折合成标准车为 4 685 辆/d

左右，在运输车辆组成中，货车占总量的3/5以上，货车中以大型居多，客车也以大型居多。通过地质勘察揭露，草炭土地基主要由草炭土层、淤泥质黏土层及砂砾层构成，厚度为2～6m。

图3.18 监测路段地理位置图

该段于2003年9月至2005年9月施工完成，在山区等外砂石路基础上改扩建。路段长1.2km，主要经过草炭土发育、地表常年积水、草炭土软弱、厚度不均、高含水率、孔隙比大、呈酸性及流塑状、压缩性高、不稳定性过湿软土地基地段，期中另有100m左右与旧路搭接，原设计中未作任何处置。

该路段在路基施工期预先埋设了土压力盒、孔隙水压力计等传感器，分别分布于直接填筑＋反压护道、土工格栅加筋、直接填筑、砂砾风化软岩混填＋复合土工布、聚苯乙烯泡沫塑料(EPS)块、砂桩＋复合土工布、换填砂砾、土工隔栅＋聚苯乙烯泡沫塑料(EPS)板八个处置分段落，由于条件所限，该项目对比研究过程中均采用人工监测，手动记录数据。路段竣工后全图及运营3年后新旧路搭接处不均匀沉降导致开裂、差异变形病害见图3.19。

a)

b)

图3.19 路段竣工后全图及运营3年后新旧路搭接处不均匀沉降导致开裂、差异变形病害

(2)选定传感器及系统集成所需元器件

①对路基施工期埋设传感器调查及标定。

根据现场对各传感器进行测定及与已有监测数据的对比,综合考虑监测项目的全面性和节约监测成本,为施工方便,将比较集中的5支孔隙水压力计和14支土压力计进行必要的重新标定,如表3.10所示。

重新标定仪器　表3.10

传感器类型	仪器编号	初频 f_0	标定系数 K
孔隙水压力计	K2116	1 551	1.585×10^{-7}
	⋮	⋮	⋮
	K2105	1 586	1.532×10^{-7}
土压力计	T344	975	1.937×10^{-7}
	⋮	⋮	⋮
	T332	961	2.298×10^{-7}

注:计算公式:$P=K(f_1^2-f_0^2)$,P 为压力值(kPa),K 为标定系数,f_1 为工作频率,f_0 为初始频率。

②无线远程自动化数据采集元器件选定。

考虑软土路基沉降及通车运营后残余变形,增设两处单点沉降计,各位于左右行车道的中央,并在测杆不同深度位置上每隔0.5m增加测量相应路基深度的温度传感器,这样不仅可以测量沉降,还可以实现测温的要求。此外,为了监测路面纵向开裂情况,考虑增加埋设两支柔性位移计,目的是监测路面的纵裂发展情况。无线远程自动化数据采集元器件技术指标及功能见表3.11。

无线远程自动化数据采集元器件技术指标及功能一览表　表3.11

监测项目	分项目名称	量程	分辨率	功能
监测元器件	振弦式孔隙水压力计	0.3MPa	≤0.05%F.S	测量路基地基内的孔隙(渗透)水压力
	振弦式土压力计	0.3MPa	kPa/F≤0.133	路基土体内部压力
	高智能型柔性位移计	100mm (20~50mm)	0.01mm	测量路基横向位移
	柔性加长测杆	—	—	加长测量范围
	高智能型单点沉降计 (冻胀计)	100mm (20~50mm)	0.01mm	测量路基纵向位移变形
	加长测杆	—	—	向下找基准点或者相对不动点
配接系统设备	数据处理器	模拟—数字信号转换器,配合振弦式元器件组网自动化采集		
无线远程自动化采集系统	自动采集模块	根据程序设置执行采集功能		
	无线传输模块	开通GPRS		
	密封机箱	保护自动化监测设备,应具有防潮保温功能		
	太阳能电池组	为采集设备供电,采用直流12V,根据数据采集量确定电池组总容量		
	数据采集及处理软件	采集数据并进行分析与处理,实现路基安全分级预警,为养护决策提供技术支撑		

(3)传感器现场安装及调试

①方案设计。

路基纵向和横向位移是监测软弱地基变形的重要指标，为此新增设两处单点沉降计，各位于左右行车道的中央(图3.20)，单点沉降计预计开孔尺寸为40cm。新增设两支柔性位移计，沿路面横断面放线刻槽，刻槽宽度20cm，深度至面层底部。将路基施工期布设并进行重新标定的19套振弦式压力计、单点沉降计、柔性位移计均接到总线上(图3.21)，继而连接数据采集模块、数据传输模块，通过GPRS网络传输至接收机。

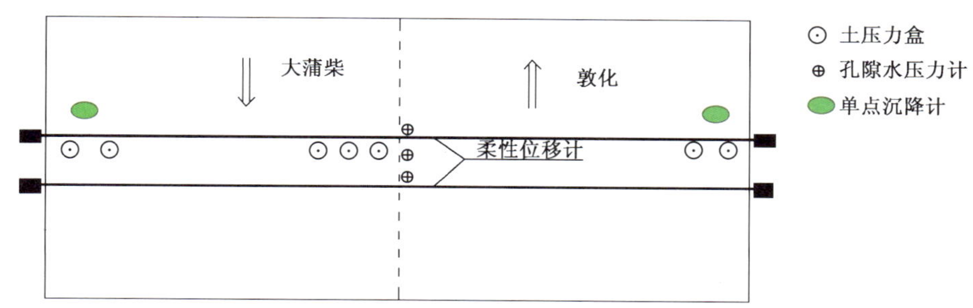

图3.20　传感器布设平面图

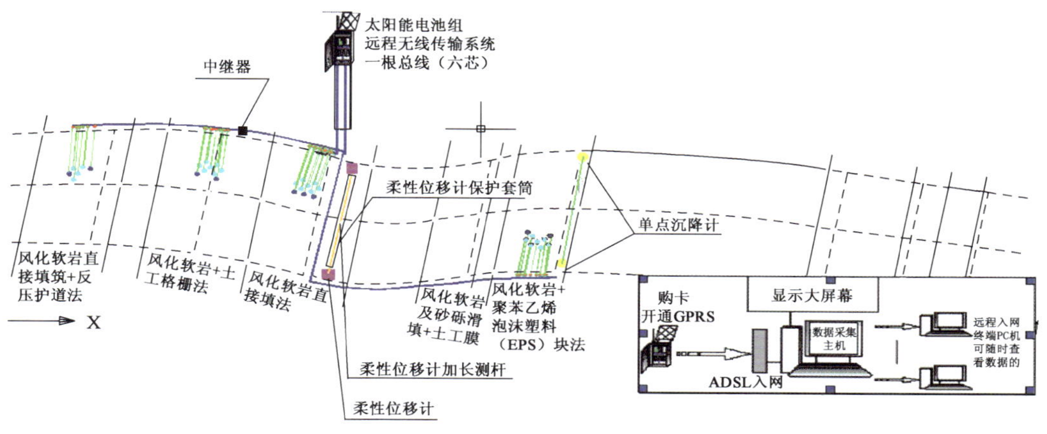

图3.21　监测系统布置示意图

②现场安装调试及保护。

路基施工期埋设传感器情况：孔隙水压力计埋设于不同深度的草炭土土基中，土压力盒埋设于草炭土土基表层。传感器埋置后用原状土覆盖，传输导线穿入塑料套管加以保护，适当弯曲引致数据采集器，如图3.22、图3.23所示。

a.柔性位移计安装(图3.24)：

(a)材料及工具准备。包括传感器加长测杆(要求具有不可伸缩性)、保护套筒、塑料套管、柔性位移计读数仪、水准仪等。

(b)在预埋设部位采用专用开槽机进行路基横断面开槽，要求槽宽20cm，槽深60cm，槽底铺1cm厚细砂找平，再浇筑混凝土与路基结为一体，见图3.25a)。

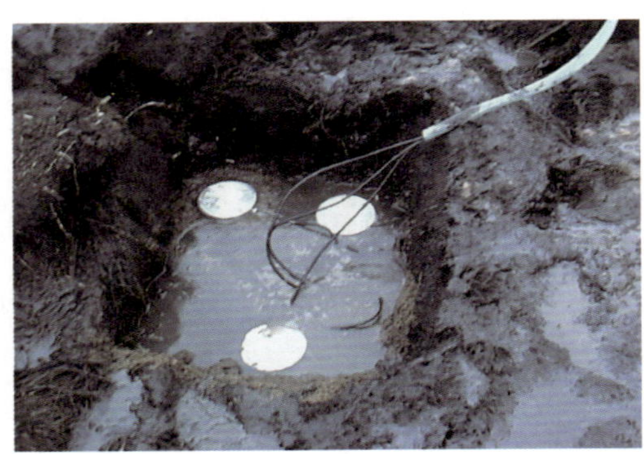
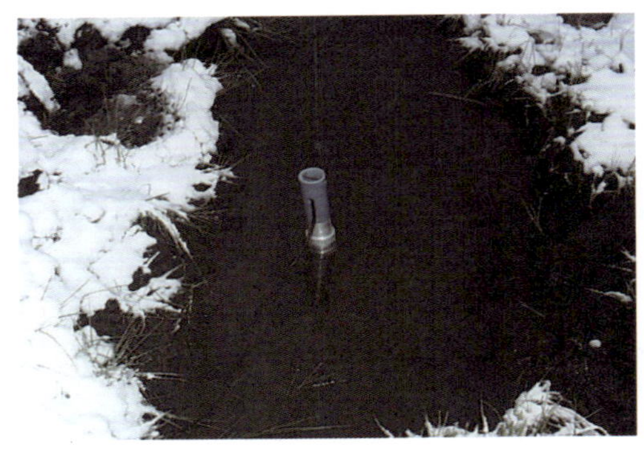

图 3.22　路基施工期土压力盒及孔隙水压力计埋设

图 3.23　孔隙水压力计、土压力盒连接到总线

(c)将保护钢管置入槽中，用水准仪找平，将加长了的柔性位移计穿过塑料套管并穿入保护钢管中，见图 3.25b)。位移计测量端通过锚固底座固定在裂缝一侧(新路基)，另一端通过刚性加长测杆固定于裂缝的另一侧(旧路基)，加长测杆穿过钢管，保证测杆可以沿路基横断面自由伸缩。用水泥混凝土浇筑锚固底座，保证锚固端与裂缝两侧土体的变形同步。

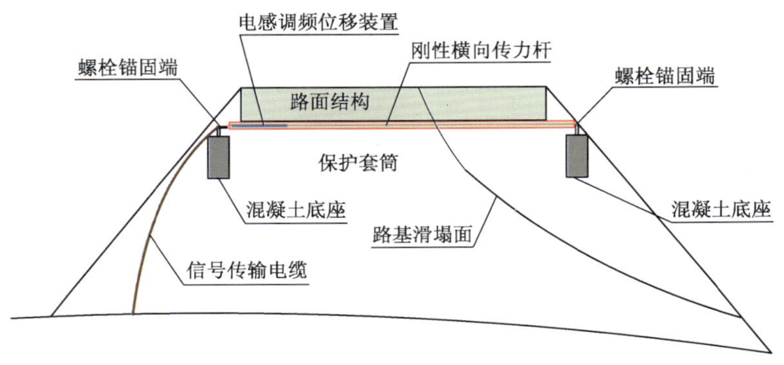

图 3.24　柔性位移计安装示意图

(d)调试结束后，钢管两端用泡沫胶堵严，防止碎石、水分侵蚀钢管内部的传感器及导线，传感器两端用海绵等软体物包裹后覆盖软土。

a)

b)

图 3.25 现场安装：开槽、将保护性钢管置水平状态

(e)裂缝两侧土体与锚固底座发生移位、倾覆等变化时，柔性测量端的埋入式智能数码电感调频位移计将会记录这种变化，并将数字信号通过电缆传输给采集模块。将位移计连接到数据采集传输系统，并用读数仪读取初始数值(图 3.26)。

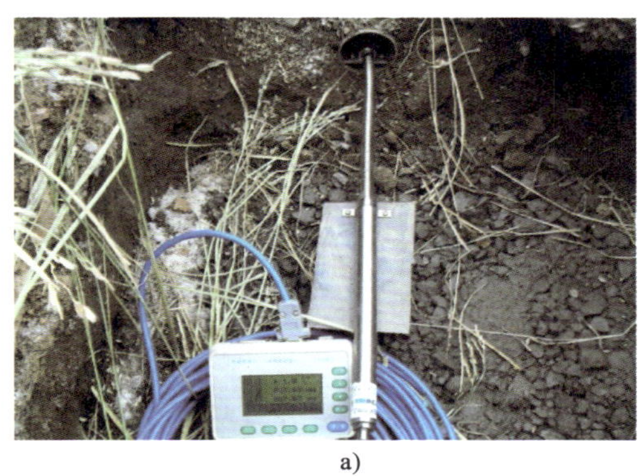
a)

b)

图 3.26 现场调试：测量端、固定端均与钢管保持水平，用读数仪读取初始数值

b. 单点沉降计安装：

(a)从便于施工及传感器保护角度考虑，在公路行车道相应位置用钻机钻孔至持力层，孔径直径 108mm，钻孔须垂直地面。钻孔过程中做好必要的地质描述。一般比设计孔深钻深15～30cm。

(b)排除孔内积水和浮土后，开始安装沉降计(图 3.27)。按设计要求准备沉降计、加长连杆、锚头、尼龙绳或细铁丝(若干米)、混凝土快凝剂、透明胶带。先将锚头与位移杆拧紧固定，同时加长连杆，顶端连接传感器和法兰盘。用尼龙绳穿过锚头上两个小孔并系牢，并用透明胶带将混凝土快凝剂浇筑在锚头周围，分别抓住带有锚头的位移杆和尼龙绳，锚头在下垂直慢慢置入孔中。法兰盘作为支撑板固定在路基上面层，尼龙绳两端拉紧固定于空口附近。

(c)孔底回填 50～100cm 厚的快凝混凝土，孔壁与加长测杆间用细沙填充，顶端法兰盘距路面顶面 10cm 以上，并用细沙覆盖，混凝土浇筑不得影响通车。现场安装单点沉降计见图3.28。

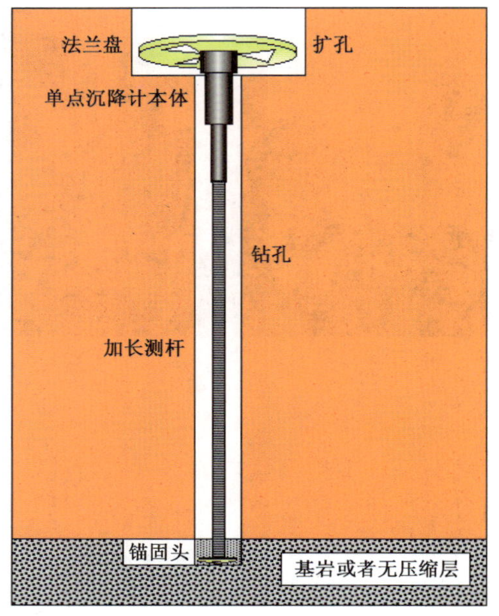

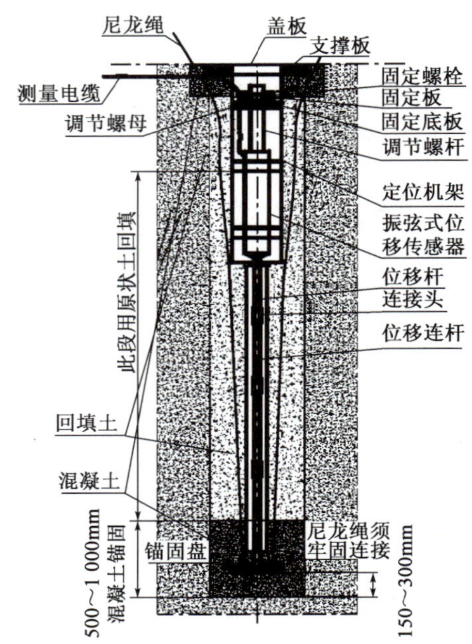

图 3.27 单点沉降计安装示意图

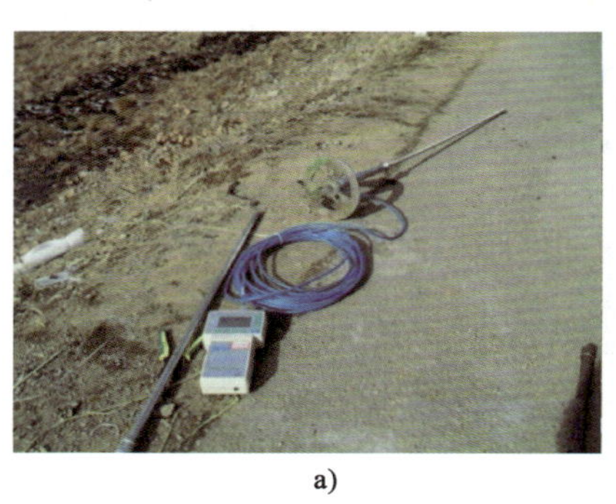
a)

b)

c)

图 3.28 现场安装单点沉降计

(d)在有测量电缆引出的一侧挖深度为 30～50cm 的细沟，底部铺 5cm 细砂，将细砂拍实、拍平，将测量电缆以 S 形弯曲引出，再用 5cm 厚细砂铺盖，将原状土回填实。

(e)将沉降计连接到数据采集传输系统，并用读数仪读取初始数值。

所有传感器布设完成后，将各自电缆传输线连接至总线，并集成到控制单元。注意接线口不仅用钳子安装牢靠，还要用焊锡焊牢，最后用绝缘胶布、防水胶布分别缠好。

图 3.29 为柔性位移计、单点沉降计安装立面图。

(4)数据采集、传输、接收

①监测系统保护。数据采集、传输功能集成在数据监测单元箱中。单元箱由数据采集模块、数据存储单元、数据传输模块、供电系统、避雷系统、保护箱组成。在传感器有效集成并与数据采集模块、数据传输模块正常连接后，为避免人为破坏，将数据监测单元箱固定在标志支

柱上，同时将太阳能板适应阳光朝向和风向恰当固定在支柱上。考虑到低温对监测的影响，在监测单元箱外侧加保温层，使得监控单元工作温度相对稳定。事实证明，保护工作起到了良好效果，在后期数据采集、传输中没有发生人为破坏和环境影响断电现象。

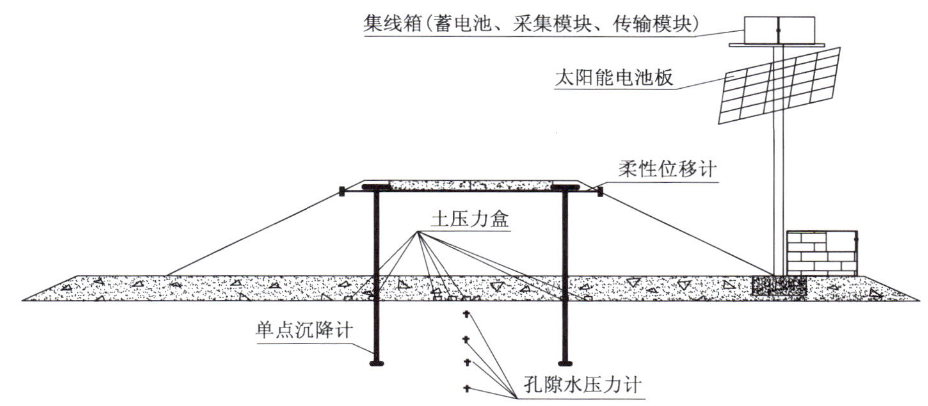

图 3.29 柔性位移计、单点沉降计安装立面图

②数据采集可分为现场人工采集和远程自动化采集两种。在出现临时故障情况或需周期性校核时，可以采用现场人工采集，必要时也可去现场用读数仪或笔记本电脑将自动采集箱中传感器内存的数据一次性读出。在所有硬件安装完毕后，离场前要再次做好检查、调试，确保系统运行正常，如图 3.30 所示。

a)

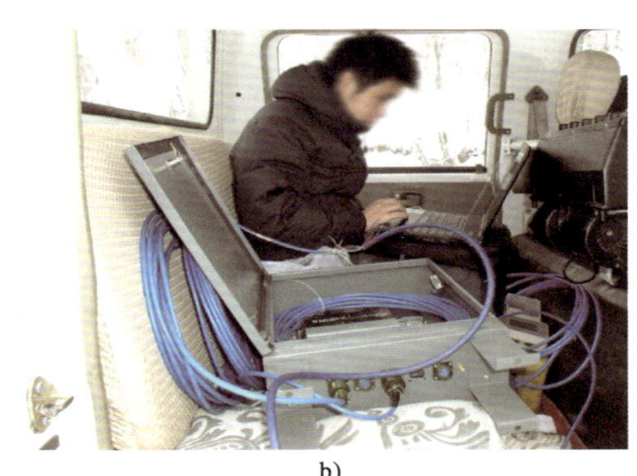

b)

图 3.30 现场安装和调试

③若以远程自动化采集为主，应采用统一的工业总线接口。将多个传感器通过一条总线组成自动化测量系统，总线的一端与数据采集模块相接，数据采集模块将传感器感应数据采集后保存到存储单元，数据传输模块将采集到的数据进行无线传输；利用 GPRS 或 CDMA 等无线公用网络进行数据传输，完成对传感器数据的采集和监控。主机只要接入 INTERNET 网，通过数据采集系统软件就可对总线上所有的传感器进行自动化采集、存储和监控。

④数据接收、存储。数据接收，采用 YH-9500 数据采集软件，既可以实现实时接收，也可以对数据监测箱存储单元中的历史数据进行读取和接收，并将各种方式采集到的数据汇总到数据库，进行进一步的显示、处理、转换工作。可将测量数据保存为 Excel 文件，便于用户的后

续分析、处理。采集软件可控制系统按自定义时间进行自动化数据采集和接收，可实现位移数值变化曲线图实时显示；若现场出现突发情况，实时显示曲线将有异常提醒，见图 3.31。

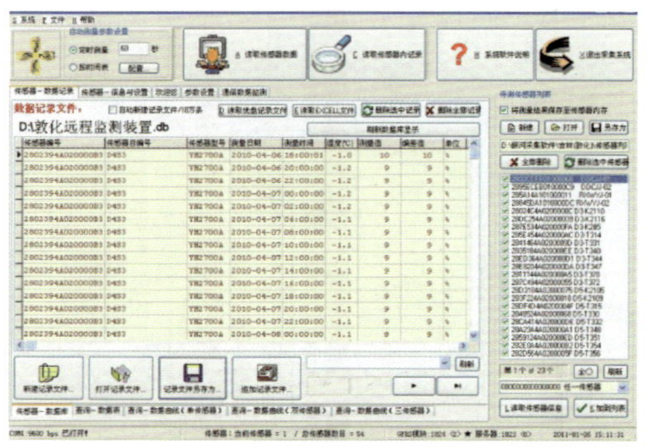
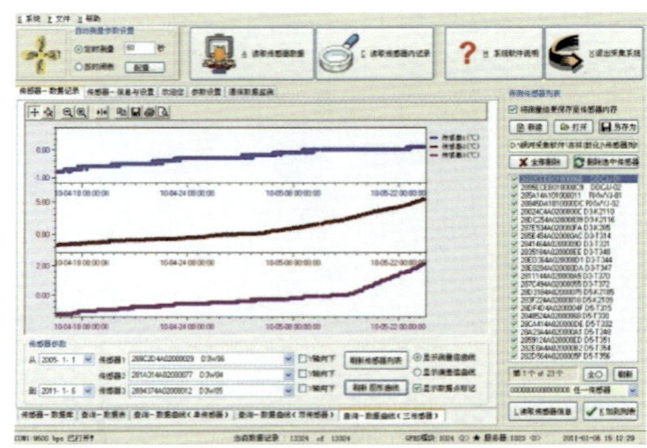

图 3.31　数据实时接收及图形化显示

(5)数据有效性检验

传感器的布设、监测系统的集成及稳定运行，为获取实时数据提供了保障，但获取数据的有效性需要进一步检验和证明。检验方法主要采用比对法和散点图法。比对法即将数据采集仪获取的数据与皮尺、水准测量等传统方法取得的数据进行比较。如果传统方法不方便使用，也可以采用散点图法进行分析验证。这里以鹤大公路江源镇至大蒲柴河段埋设的 2 号单点沉降计(DDCJJ-02)为例进行说明。2 号单点沉降计(DDCJJ-02)获取的监测数据见表 3.12 和图 3.32。

2 号单点沉降计(DDCJJ-02)获取的监测数据表　　表 3.12

传感器自编号	测量日期	测量值(mm)	累积沉降量(mm)
DDCJJ-02	2009-11-24	1.18	−0.07
DDCJJ-02	2009-11-25	1.11	−0.07
DDCJJ-02	2009-11-26	1.11	−0.05
DDCJJ-02	2009-11-27	1.13	0.15
…	…	…	…
DDCJJ	2011-11-07	7.78	6.6
DDCJJ	2011-11-08	7.84	6.66
DDCJJ	2011-11-09	8.5	7.32

从图 3.32 中可以看出，每年 11 月入冬后及春融季节，受季节性冻胀、融沉影响，路基在 13mm 范围内隆起和沉降，符合季冻区公路路基运营规律。可以看出，监测数据有效准确。

3.5.2　季冻区低矮路段路基安全监测案例

季冻区低矮路段路基安全病害主要表现为两个方面：一是由于路基范围内强烈的冻胀融沉循环作用导致的强度衰减，从而丧失冰冻稳定性；二是重载交通的重复作用导致的路基结构损伤，产生塑性滑移变形失稳。本案例针对已经通车运营 2 年的高速公路辅道，预先埋设了温度、湿度传感器，动态土压力传感器的低矮路堤段进行。通过对温、湿度，路基土动态土压力的监测，为季冻区低矮路段路堤安全评价分析提供数据依据(图 3.33)。

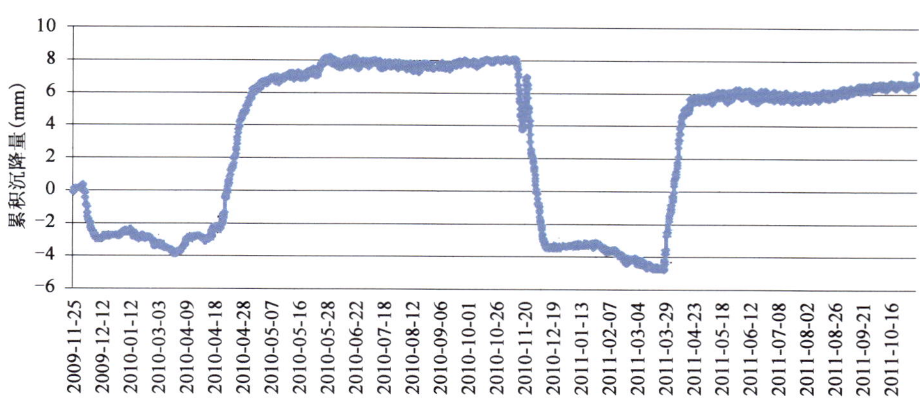

图 3.32　单点沉降计监测路基累积沉降量变化曲线图

a)

b)

图 3.33　K15＋300～K16＋000 路段原地貌、低路堤常见沉陷开裂病害

(1)项目概况

本项目为某高速公路辅道段，工程为平面线形、纵断面按二级公路标准设计，路基宽度 10m，路面宽度 9m。路面结构采用 4cm 厚细粒式沥青混凝土，5cm 厚中粒式沥青混凝土，30cm 厚石灰粉煤灰砂砾下基层，18cm 厚石灰粉煤灰土下基层，总厚度为 57cm。试验段为低填路段，地基为淤泥质黏土且地下水位高，冰冻春融期易发生冻胀和融沉病害，所以，设计施工采用了基底石灰处治并加铺了碎石改善层。

(2)试验路目的及内容

试验路工程修筑中充分考虑了低填路段运营期路基安全监测与评价技术需要，所以，在路基土冻胀破坏机理研究的基础上，试验工程段不仅埋设了必要的温、湿度传感器，还在路基施工期预先布设了动态土压力计。该路段为典型低路堤路段，通过研究运营期季冻区低填路段路基病害与温、湿度变化规律以及对运营期路基安全的影响，为其他高等级公路的设计和施工提供借鉴。

本案例采用澳大利亚生产的动态数据采集装置以及与北京数泰公司合作开发的多路径数据采集和传输技术。

(3)路基温、湿度环境监测

根据路基填土高度、填筑材料性质的差异以及不同路段地质情况和路基处置方法，结合试验路修筑的目的、自动传输采集传输技术的费用，本着尽量减少对路基施工进度干扰的原则，进行了 K15＋460、K15＋680 两个断面的试验路设计。两个断面路基填高分别为 1.4m、2.12m。监测内容主要包括路基温度、湿度监测，冻胀融沉变形监测。

①路基温度、湿度监测。

通过在路基中埋设温、湿度传感器实现以下目的：通过温度场观测，了解地热与外部冷量不断交换作用下冻深线的变化，分析路面冻深的变化规律；通过观测湿度沿深度的变化规律，分析冻结水上升高度。

共设置了 K15＋460、K15＋680 两个断面，分别在左右两侧坡中、路肩、1/4 路中及路中心处按估计冻深埋设温度传感器，其中，K15＋460 断面路中心为湿度传感器绑定温度传感器，共设计了 60 个温度传感器、5 个湿度传感器，K15＋680 断面设计了 53 个温度传感器，具体布设方式如图 3.34、图 3.35 所示。

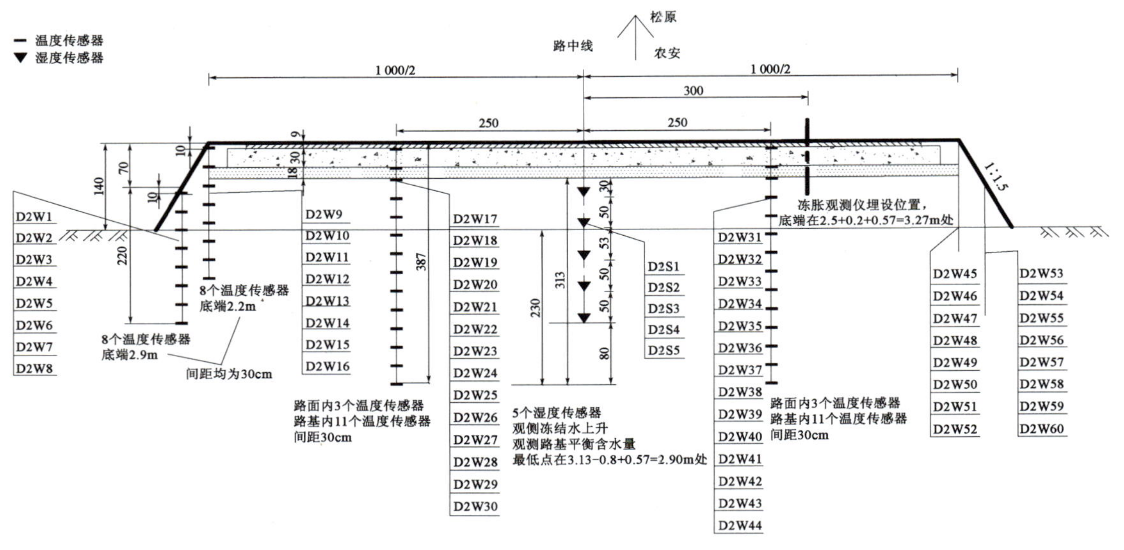

图 3.34　K15＋460 断面(60 个温度传感器，5 个湿度传感器)

②冻胀融沉变形监测。

目前，路基防冻胀验算和处治措施的提出都是以路基冻胀—融沉变形为计算标准，所以，采取了传统的冻胀观测套管和单点式冻胀计两种方式来监测试验段路基的冻胀—融沉变形。

冻胀套管是将不同直径的钢管套叠在一起，管底焊接圆环，以增加冻胀力的作用面积，最里面的套管埋置于路基顶面下 2.5m，位于冻深以下，作为其他套管竖向变形衡量的依据，在 K15＋460 断面左幅距中心线 3m 处设一套冻胀套管。

在实体工程修筑过程中，对所测试参数进行连续的远程智能控制采集。由于两个监测断面距离较远，对 K15＋460 和 K15＋680 两个断面传感器集成，并分别设置电源控制器和无线远程自动化采集箱。

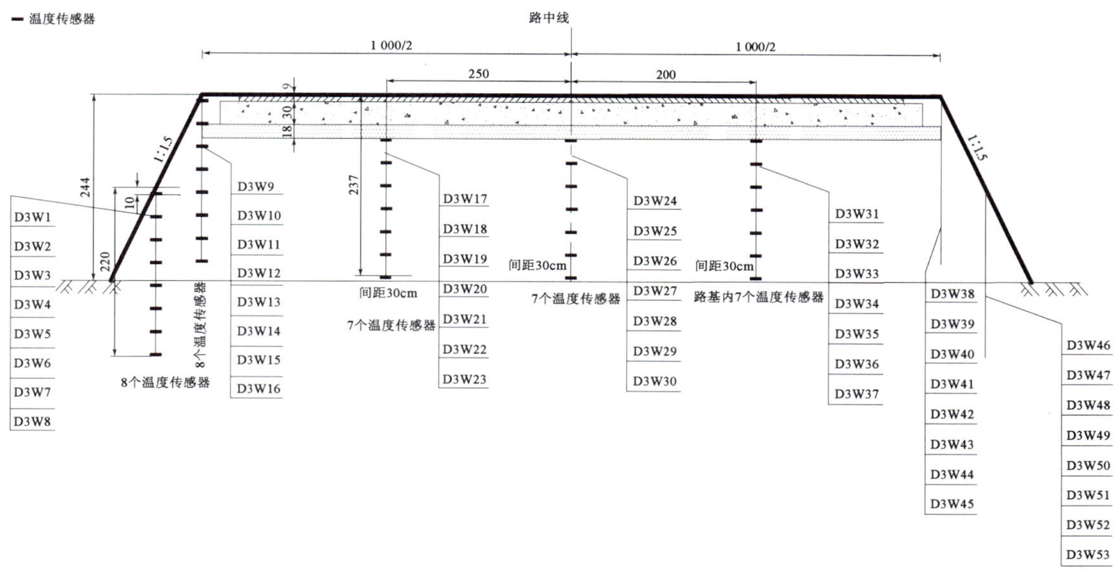

图 3.35　K15＋680 断面(53 个温度传感器)

(4)行车荷载作用下路基土动力特性时变规律监测

所选某高速公路辅道段,2010 年 10 月竣工通车。2011 年 11 月对施工期埋设的动态土压力计集成,实现动态数据采集无线远程传输。通过对路基试验段温湿度数据、动态土压力长期监测数据的分析,了解并确定路基工作区动态土压力的大小及影响深度。

①试验方案。

为了更好地研究重复荷载对低填路段路基的影响,在试验段中选择填土高度 1.4m 的 K15＋460 断面,在不同深度的轮迹处、路中心及路肩处设置了土压力计,如图 3.36 所示。

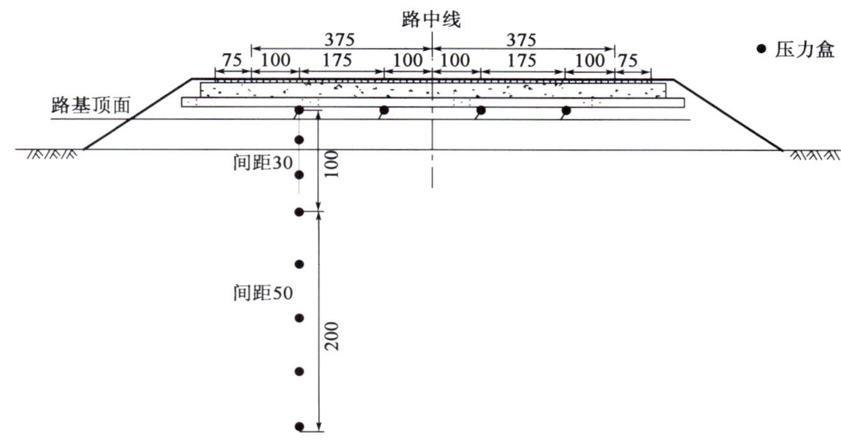

图 3.36　K15＋460 断面动态土压力计布设图(尺寸单位:cm)

选用的动态土压力计型号为 BY-1,属智能型土压力计,是电阻应变式双油腔结构的动土压力传感器。它的特点是:当传感器受力时,传感器油腔中的液体可使力传递均匀,同时由于弹性敏感元件的变形比弹性传力元件的变形增大若干倍，故可提高传感器的灵敏度。土压力计的最大量程是 0.3MPa，置于自制的承载反力架上。

②系统集成，数据采集、传输、接收。

动态土压力计埋设时，首先采用水准仪对支架底端高程进行定位、挖槽，再将支架摆放完毕后，往坑槽内浇注混凝土，对支架底端进行固定，待混凝土初凝后，进行路基的逐层回填。回填至土压力计摆放位置后，用螺栓固定好土压力计及槽形钢。

为了实现动态土压力计的全天候无线实时监测和数据采集，结合动态土压力计采集数据快、数据量大等特点，采用能够实现动态采集的澳大利亚 DTMCU800 采集器和 CDMA DTU 型传输模块，并对施工期埋设的动态土压力计进行系统集成。压力计埋设及调试见图 3.37 和图 3.38。

a)

b)

图 3.37　挖出动态土压力计数据传输导线、采集箱调试

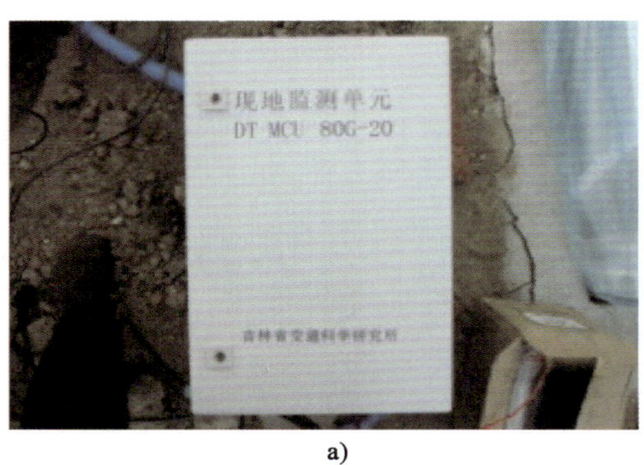

a)

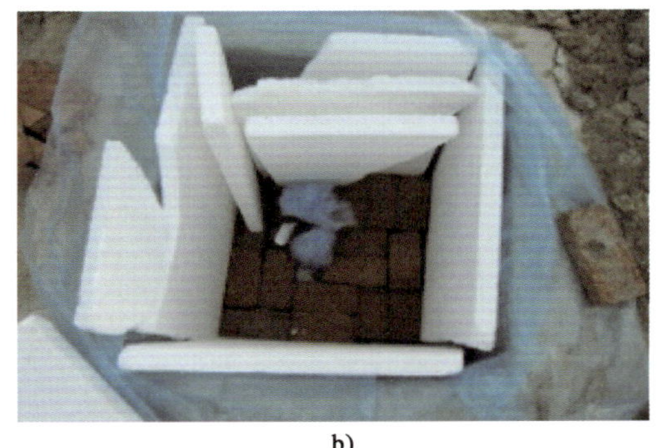

b)

图 3.38　采集箱监测单元外观、预埋入地下保温及隔水情况

受采集频率的限制，采集频率较低的数据模块不能满足要求，为此对于数据采集模块采用澳大利亚生产的 DTMCU800 采集器以实现海量数据的采集。DTMCU800 监测单元是一种动静态两用智能可编程数据采集单元，可接入多种传感器，包括温度、电压、电流、频率、电阻、电桥、应变仪、数字传感器等；系统输入信号的基本形式是电压、电流、电阻和频率，其他的输入信号将转换成电压、电流、电阻和频率，然后进行测量；输入信号的最高电压为±13V；该系统有三种采样模式：常规模式、快速模式和爆发模式；工作温度为－40～＋70℃。DT800 MCU 监测单元主机箱主要由数据采集器主机（DT800）、防雷器件、电源组件及密封防护机箱构成。机箱内部器件如图 3.39 所示。

图 3.39　数据采集、传输模块

主机箱内集成有 dataTaker DT800 数据采集器、信号防雷器，电源防雷器、电源适配器及固定件组件等。数据传输模块采用 CDMA DTU 型，电压：5～35V；传输速度能够稳定在 23KBPS。DT800 有两个通信接口：以太网口和 RS232 口。首次设置时，可使用 RS232 通信电缆，设置 IP 地址后可使用网线通信。DT800 的内存为 2M，用于工作存储器的使用，内部的后备电池具有防掉电保护的功能。DT800 监测单元接线图见图 3.40。

供电系统采用 12V、120W 太阳能单晶硅板，130AH 铅酸蓄电池，15A/12V(24V 可选)充电控制器(图 3.41)。数据接收，采用 DTs_Bas2.2 监测采集软件(图 3.42)。

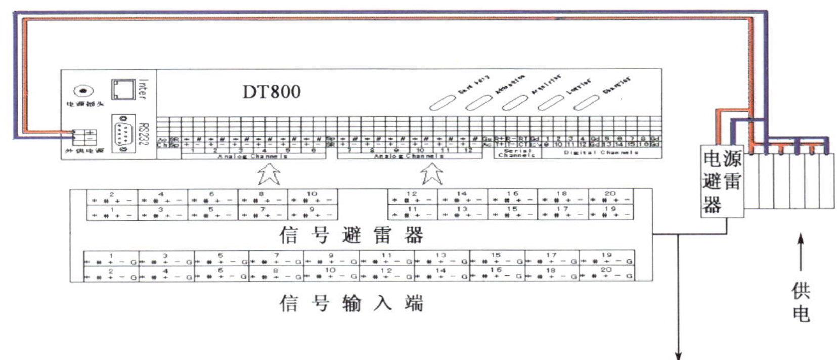

图 3.40　监测单元接线图

图 3.41　供电系统

(上层太阳能板为温湿度传感器采集传输供电，下层太阳能板为动态土压力计采集传输供电)

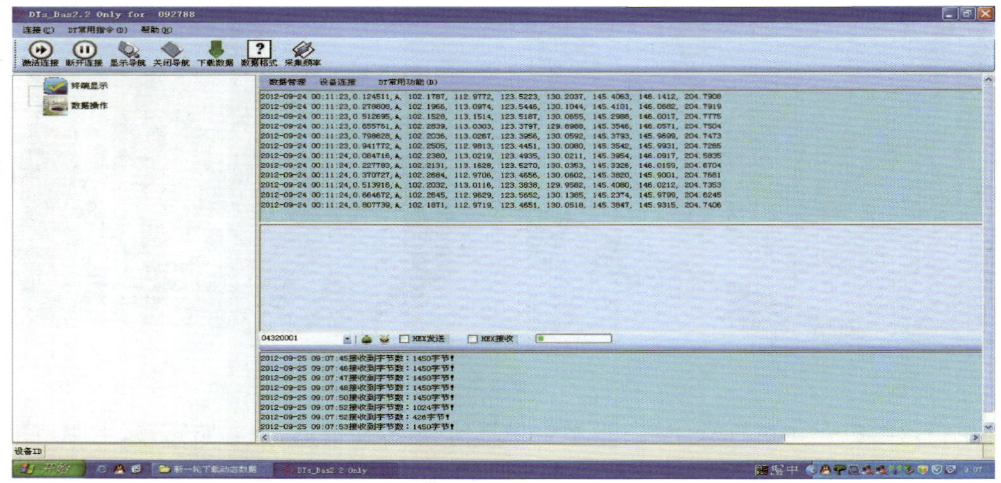

图 3.42 数据实时接收显示图

根据现场监测需要，软件可以设定采集数据频率，如 1 组数据/s，或 10 组数据/s。用户可以实时浏览、监测数据流，并可对数据流进行简单分析；终端界面用来控制 DT 数据采集单元，数据双向交互，有激活连接、断开连接、连接属性等操作和对 DT 采集单元控制的基本命令；用户可自定义数据操作界面，可针对在线的多台设备的监测数据一一进行二次分析、输入公式及设置高低限值报警等。DT 指令编程界面可设置 DT 监测单元的驱动传感器的指令编写。

③时变规律分析。

数据采集频率设定为 10 组数据/s，以 7 月 28 日 24h 监测数据为例，分小时进行数据处理。24h 内取数据的平均值及偏差系数，二者相加得到触发传感器的压力值，当传感器数据大于等于二者之和，认为触发一次，分小时取触发传感器的次数并形成数据图（图 3.43）。其中，横坐标为小时时间轴，纵坐标为传感器响应次数。

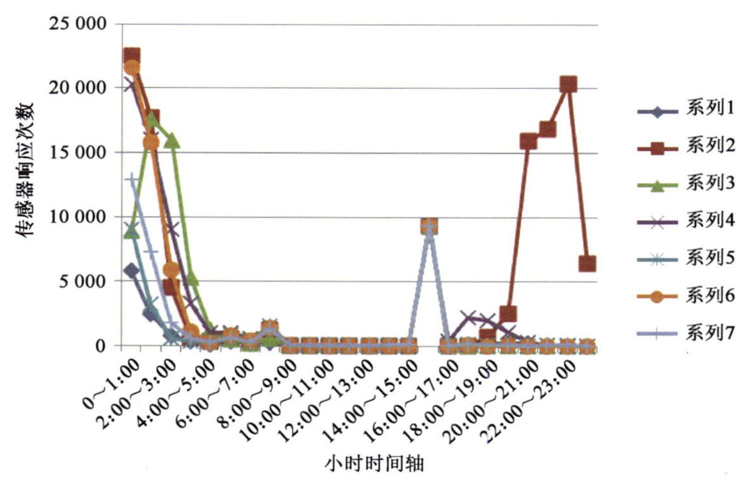

图 3.43 时变规律图

从图 3.44 中可以看出，5:00～20:00 区间，动态土压力计监测数值触发较少，多为小客车；20:00～次日 5:00 区间，触发较多，多是大型车辆所致。

第 4 章　路基安全监测数据分析方法

路基安全监测获得的信息主要是路基结构各关键点位的变形监测数据，如何对这些变形监测数据进行分析，从而获知路基安全状态，是路基安全监测与评价的关键。

4.1　监测数据预处理

无论使用何种监测方法，所得到的监测数据都会存在误差，并且误差的大小和性质都不同。在根据监测资料进行路基安全监测数据分析时，首先应对原始的现场观测数据进行预处理，剔除存在明显的错误或不合理测值，减少系统误差和随机误差，消除粗差，便于数据的进一步分析。

4.1.1　预处理的原则

在路基安全监测中，对异常信息的准确识别非常重要。造成监测数据异常的原因通常有两种：第一种是测量原因产生的粗差；第二种是被观测体本身发生显著变形体现出的观测数据的异常，可称为异常值。对于异常信息的出现，必须判别其种类和成因。针对第一种情况，应将粗值从数据中剔除，并在以后的观测中避免发生；针对第二种情况，应及时调查路基的实际情况，并且评价和监控安全性态，防止安全问题的出现。

路基等岩土体在环境和外荷载作用下产生的变形有如下特点：

①非单点原则，即结构和岩土体的变形破坏不会仅局限于孤立的点，而是有一定的范围，潜在滑移体各测点的变形具有一定的相关关系，所以，在分析异常信息时，相邻点观测值的比较是必要的。若是孤立的异常，尤其是超出相邻测点很多的异常，则属于差错异常的可能性很大。

②一致性原则，即反映结构和岩土体变形破坏相应量的变化通常遵循一定的规律；若是矢量，还应保持一定的方向性。对于忽大、忽小，方向零乱的异常值，通常是不稳定的先兆。

③累进性原则，即结构和岩土体的变形破坏通常有一个发生、发展的过程，其响应多表现为渐进性和递进性。若单独、偶然的异常，则由差错引起的可能性较大。

④合理性原则，即在一定的边界条件、一定的组成结构和环境条件下，结构及岩土体的响应形式，尤其是位移的方向应具有一定的规律性，当异常信息与这些规律不一致时，应注意排除差错异常的可能。

⑤可视性原则，即有些异常变形发生在结构物或岩土体表面，会产生裂缝或其他可视的变形，通过人工巡视可以发现这些异常信息。

4.1.2 数据误差预处理方法

监测数据预处理就是判定和区分监测数据中异常值是反映路基变形异常的真值，还是由于错误所造成的误差（粗差），然后将误差从监测序列中找出、剔除，并且对丢失的监测值进行修补。

(1)粗差的判别方法

常用的粗差判别方法有莱茵达法（3σ 准则）、格拉布斯法、狄克逊法、样本分位值法及未确知有理数滤波法。各种粗差的原理不同，一般来说：对于大样本情形（$n>50$），用 3σ 准则最简单方便，也是最常用的经典方法；当 $30<n<50$ 时，用格拉布斯准则效果较好；当 $3<n<30$ 时，用格拉布斯准则适于剔除一个异常值，用狄克逊准则和样本分位值法适合判定一个以上异常值。已有研究曾经对几种方法进行了对比分析，发现未确知有理数滤波法采用不确定性理论的分析思路，能够较好地适应大多数样本数据的误差分析，尤其是当样本方差 S 过大而不适用 3σ 准则时，该法具有很好的适用性。

(2)粗差的处理方法

对粗差的处理主要是指对原始观测数据误差的辨别与剔除，缺值的补插、平差、平滑和修匀等，不得直接对原始观测数据进行处理，每次处理必须作相应记录，最后形成整编数据或数据库。

①观测数据的补插。

若出现缺测或由于剔除了粗差而缺少的观测值需要补充合理的值，即为观测数据的补插。补插一般采用多项式插值、样条函数插值等数学方法。

②观测数据的平差。

由于观测结果不可避免地存在随机误差，在实际观测时，通常要进行多余观测（即使测值的个数多于未知量的个数）。对该带有随机误差的观测序列，采用概率统计的方法来消除其间的不符合值，求出未知量的最或然值，并评价测量结果的精度，即为观测数据的平差。对观测数据进行平差的方法很多，当观测数据相互独立时，可采用直接平差法，否则可采用条件平差或两组平差、间接平差、矩阵平差等方法。

③观测数据的修匀。

若观测数据受到观测条件和偶然因素的作用起伏不定，然后又要采用某种过程线方法评定时，要对数据进行修匀，从而体现观测量的真实变化规律。修匀方法很多，常用的是三点移动平均法。

4.1.3 工程验证

(1)莱茵达法工程应用

图 4.1 为某监测工程中单点沉降计 DDCJJ 02 测点所采集的 2009 年 11 月至 2010 年 7 月期间的变形监测数据。从图中可看出，采集样本具备一定的波动性，并且 400～600d 之间出现了明显的异常数据。

采用莱茵达准则对该时段监测数据进行验证时，设定该时间段监测数据采集的频率大约为 3 次/月，一共采集了 23 个实测数据(包含异常数据)。为方便分析，将第一个监测数据归零，计算采用相对时效变形。监测变形量、误差识别判定值、判定标准及误差识别结果如表 4.1所示。

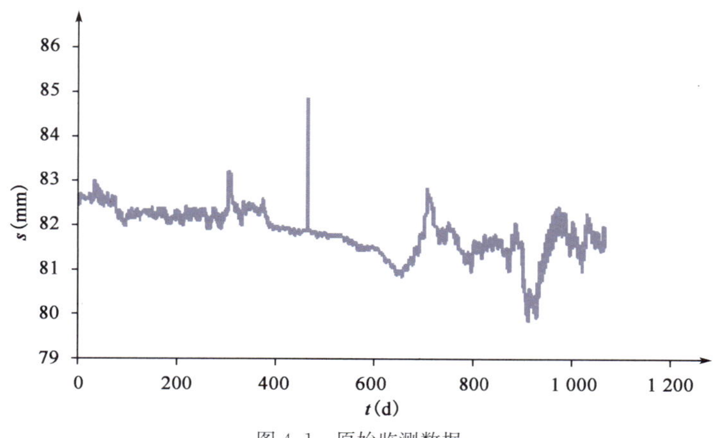

图 4.1　原始监测数据

误差识别及判定计算结果　　表 4.1

时间(月-日)	11-24	12-04	12-14	12-24	01-04	01-14	01-24	02-04
变形(mm)	0	0.08	−0.27	−0.27	−0.39	−0.32	−0.27	−0.44
判定值 $\lvert x_i-\overline{x}\rvert$	0.393	0.473	0.123	0.123	0.003	0.073	0.123	0.047
判定结果	N	N	N	N	N	N	N	N
时间(月-日)	02-14	02-24	03-04	03-14	03-24	04-06	04-14	04-24
变形(mm)	−0.34	−0.24	−0.14	−0.15	−0.14	−0.62	2.29	−0.99
判定值 $\lvert x_i-\overline{x}\rvert$	0.053	0.153	0.253	0.243	0.253	0.227	2.683	0.597
判定结果	N	N	N	N	N	N	E	N
时间(月-日)	05-04	05-14	05-24	06-04	06-14	06-24	07-04	
变形(mm)	−1.07	−1.43	−1.01	−0.89	−0.59	−0.92	−0.92	
判定值 $\lvert x_i-\overline{x}\rvert$	0.677	1.037	0.617	0.497	0.197	0.527	0.527	
判定结果	N	N	N	N	N	N	N	

注：1. 计初始变形为 0，分析的变形量为相对于第一个监测数据的时效变形。

2. 数据序列计算均值 $\overline{x}=-0.393$；根据贝塞尔公式计算 3S=2.122。

3. 判定 N=Normal(正常数据)；E=Error(应剔除的误差)。

从上述误差分析的结果可以看出，根据莱茵达法 3σ 判定标准可以判定出 4 月 14 日的监测值为 Error，属于监测过程中错误造成的粗差范畴。结合 s-t 曲线可以看出：除了误差点造成的波动之外，$t=600\sim800$d 以及 $t=900\sim1\,000$d 这两个时段监测数据呈现出了一定的波动，其所对应的判定值 $\lvert x_i-\overline{x}\rvert$ 也相对应地出现了一定的波动，如图 4.2 所示。从图中可以看出，误差点的判定值为 2.683，大于判定标准 3S=2.122；2010 年 5 月至 6 月判定值也有一定程度的上升，最大值达到 1.037，但是远小于判定标准 3S=2.122。因此，这段时间的测值波动属于反映路基实际变形的正常监测数据。

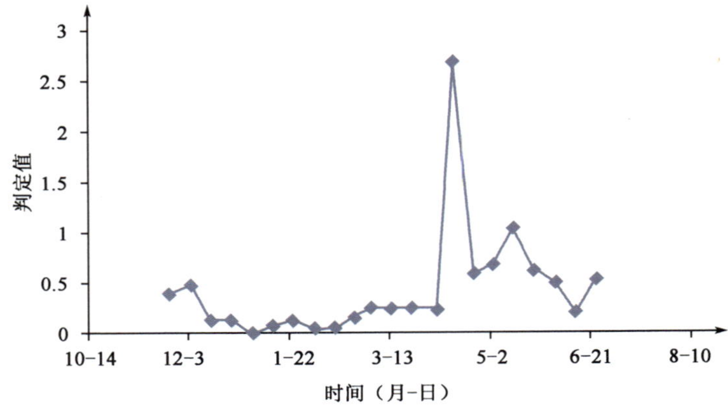

图 4.2 计算得出的各时段监测数据判定值

识别出误差点以后，需要对误差点进行处理。由于路基变形实测数据本身并不是平滑曲线，而且每次监测总是存在一定的随机误差，因此，可不必对修补以后的监测数据进行平差和修匀处理。本例中，仅对误差值进行插值补充。与误差点相邻的两个监测点分别是 4 月 6 日 $s=-0.62$mm 以及 4 月 24 日 $s=-0.99$mm；相邻两次监测的时间大约为 10d。因此，计算出的插补值为：

$$Y=\frac{X-X_2}{X_1-X_2}Y_1+\frac{X-X_1}{X_1-X_2}Y_2=\frac{10}{20}\times(-0.62)+\frac{10}{20}Y_2(-0.99)=-0.805(\text{mm})$$

实际修补监测值为 $S_0+Y=82.56-0.805=81.76$，经过误差识别和修补后的监测序列 s-t 曲线如图 4.3 所示。

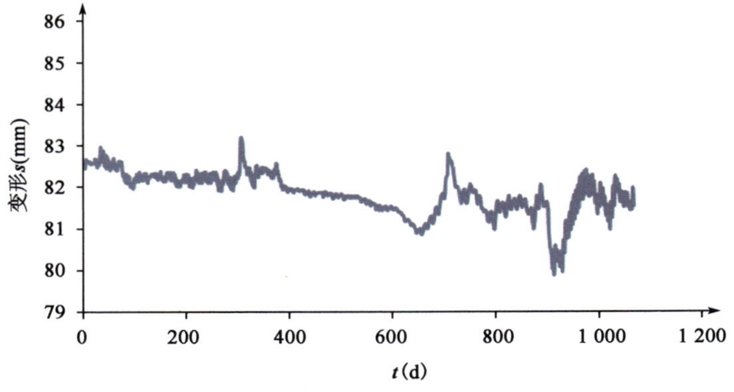

图 4.3 误差剔除和补充后的监测序列

(2)未确知有理数滤波法工程应用

某路基边坡 2004 年 10 月至 2006 年 5 月期间，近 30 个位移监测数据见表 4.2，其计算监测序列的标准差：$S=\sqrt{\frac{1}{n-1}\sum_{i=1}^{n}(x_i-\bar{x})^2}=1.695$mm，和监测值相比该标准差偏大，用 3S 准则可能会漏过潜在的粗差值，宜采用未确知有理数滤波法进行误差识别分析。

可信度计算结果　　表 4.2

序号	观测时间（年-月-日）	位移值(mm)	邻域下限(mm)	邻域上限(mm)	ξ_1	可信度
1	2004-10-27	0.00	−0.8	0.8	4	1
2	2004-11-27	0.21	−0.59	1.01	4	1
3	2004-12-18	0.15	−0.65	0.95	4	1
4	2004-12-28	0.32	−0.48	1.12	6	1
5	2005-01-27	0.36	−0.44	1.16	7	0.875
6	2005-03-03	1.12	0.32	1.92	5	0.625
7	2005-03-17	1.35	0.09	1.69	6	0.75
8	2005-04-13	0.85	0.05	1.65	5	0.625
9	2005-05-21	1.19	0.39	1.99	3	0.375
10	2005-06-13	2.37	1.57	3.17	0	0
11	2005-06-28	3.31	2.51	4.11	0	0
12	2005-07-14	4.21	3.41	5.01	4	0.5
13	2005-08-26	4.30	3.5	5.1	5	0.625
14	2005-09-10	4.35	3.55	5.15	6	0.75
15	2005-09-25	4.40	3.53	5.2	7	0.875
16	2005-10-10	4.37	3.54	5.17	8	1
17	2005-10-27	4.35	3.35	5.15	8	1
18	2005-11-09	4.33	3.39	5.13	8	1
19	2005-11-22	4.34	3.4	5.14	8	1
20	2005-12-13	4.15	3.23	4.95	8	1
21	2005-12-26	4.19	3.31	4.99	8	1
22	2006-01-03	22.22	3.47	5.01	8	0.25
23	2006-02-26	4.03	3.64	4.83	8	1
24	2006-03-12	4.11	3.91	4.91	6	1
25	2006-03-27	4.27	3.87	5.07	4	1
26	2006-04-25	4.44	3.93	5.24	4	1
27	2006-05-26	4.71	3.94	5.51	4	1

注：1. ξ_1 为搜索范围内测值在邻域内的个数。

2. 邻域下限＝测值$-\lambda$，邻域下限＝测值$+\lambda$，其中 λ 取 2 倍的差值方差，即 $\lambda=2S=0.8$。

搜索范围 ε 选为 4($\leqslant L/6$)向前和向后各取 4 个数据点作为邻域，并确定当前测值在邻域内的可信度，计算结果如表 4.2 所示。从表中可看出，监测序列的可信度呈现明显的变化趋势，对监测序列可信度进行分析可知：

①2005 年年底之前，可信度从 2004 年 10 月的 1 逐步变化到 2005 年 6 月的 0，这个变化过程有一个逐渐累积的过程，而不是“突变”过程，可以认为该段监测序列的波动不属于误差。

②2006 年 1 月 3 日监测值的可信度为 0.25，但是其前后监测值的可信度分别都是 1，可

信度在这个地方呈现出某种“突变”，可以认为监测值为误差值，应予以剔除。

通过检查发现，该测值(22.22mm)是由于监测仪器出现故障而导致的错误测值，采用拉格朗日二次插值法插补该测值应为4.20mm。

4.2 高路堤边坡位移分析方法

地基及路堤边坡的横向大位移是反映和评价高填方路堤稳定安全最重要的监测信息。如何分析这些位移监测信息，采用什么方法提取反映路堤边坡稳定性变化状态的信息，是高路堤稳定安全监测数据分析需要解决的问题。对高路堤边坡稳定安全进行监控，需要获取两个方面的关键信息：一是路堤边坡目前是否处于稳定状态，也就是边坡变形阶段的评判问题；二是处于变化中的边坡位移其发展趋势如何，也就是路堤边坡位移预测问题。以下分别针对这两个问题，研究边坡位移监测数据的分析方法。

4.2.1 边坡位移变形阶段评判方法

工程上一般是通过对时效变形的分析来考察边坡的变形与稳定状态，图4.4所示为一个典型岩土体变形的时变过程曲线。从图中可知，路基土体的变形形态一般可分为三个不同的阶段：初始变形阶段、变形发展与稳定阶段、加速破坏阶段。初始阶段开始时应变速率最大，随时间增长应变速率逐渐减慢，达到拐点时变形速率最小，这一过程段的曲线呈下凹形态。变形发展阶段变形量随时间推移而增大，如果变形速率较小或者呈现逐渐收敛的趋势，则预示岩土体稳定性较好，如果变形速率随时间推移而逐步增大，曲线形态呈现上凹形态，则预示岩土体稳定性变差，失稳破坏可能发生。因此，通过分析路堤边坡关键点位变形监测数据所体现的时变性就可以掌握路堤边坡所处的变形阶段。

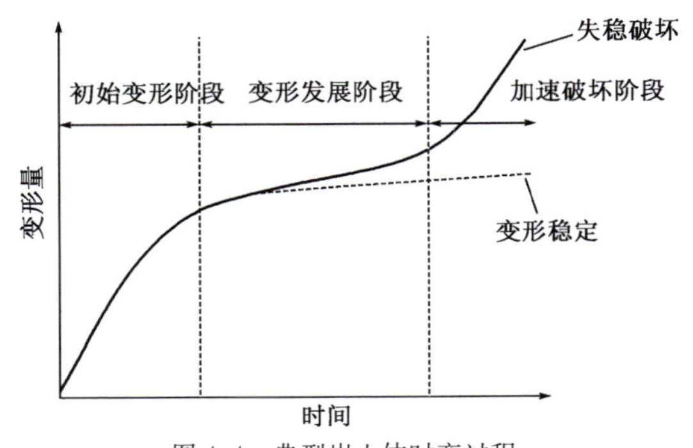

图4.4 典型岩土体时变过程

路基土变形监测数据(ε_i)由三个部分组成：初始变形量(ε_0)、时效变形量(d_i)以及测量误差量(δ_i)。其中，初始变形量是指岩土体不随时间推移而变化的那部分变形量；时效变形量是指随着时间推移而不断发展的那部分变形量；误差是指由于仪器的精度测量误差等原因造成的误差量，属于随机变量的范畴。四者关系可表示为：

$$\varepsilon_i = \varepsilon_0 + d_i + \delta_i \tag{4.1}$$

路基若处于时效变形状态，设在n个时间节点发生的时效变形分别为W_1、W_2…W_n，该时段内总的时效变形量为 $D=\sum_{i=1}^{n}W_i=W_1+W_2+\cdots+W_n$；设 n 个时间节点的测量值分别为 ε_1、$\varepsilon_2\cdots\varepsilon_n$，变形稳定值为 ε_0，则 $\varepsilon_i=\varepsilon_0+\sum_{i=1}^{n}W_i=\varepsilon_0+d_i$；设 ε_1、$\varepsilon_2\cdots\varepsilon_n$ 均值为 $\bar{\varepsilon}$，样本方差为 S_n^2；

$$\bar{\varepsilon}=\frac{1}{n}(\varepsilon_1+\varepsilon_2+\cdots+\varepsilon_n)=\varepsilon_0+\bar{d} \tag{4.2}$$

各测量值与均值的差方为

$$\begin{aligned}(\varepsilon_1-\bar{\varepsilon})^2&=(d_1-\bar{d})^2\\(\varepsilon_2-\bar{\varepsilon})^2&=(d_2-\bar{d})^2\\&\cdots\\(\varepsilon_n-\bar{\varepsilon})^2&=(d_n-\bar{d})^2\end{aligned} \tag{4.3}$$

求和：

$$\begin{aligned}\sum_{i=1}^{n}(\varepsilon_i-\bar{\varepsilon})^2&=(d_1-\bar{d})^2+\cdots+(d_n-\bar{d})^2\\&=(d_1^2+d_2^2+\cdots+d_n^2)-2\bar{d}(d_1+d_2+\cdots+d_n)+n\bar{d}^2\\&=(d_1^2+d_2^2+\cdots+d_n^2)-n\bar{d}^2\\&=(d_1^2+d_2^2+\cdots+d_n^2)-\frac{D^2}{n}\end{aligned} \tag{4.4}$$

当岩土体处于时效变形状态时，可以认为各时间段内发生的变形量相等，即 $W_1=W_2=\cdots=W_n=d$，$D=nd$；代入上式可得：

$$\begin{aligned}\sum_{i=1}^{n}(\varepsilon_i-\bar{\varepsilon})^2&=(d_1^2+d_2^2+\cdots+d_n^2)-n\bar{d}^2\\&=\left[(1+4+9+\cdots+n^2)-\frac{n(n+1)^2}{4}\right]\cdot d^2\\&=\frac{n(n^2-1)}{12}d^2\end{aligned} \tag{4.5}$$

此时，样本方差为：

$$S_n^2=\frac{1}{n-1}\sum_{i=1}^{n}(\varepsilon_i-\bar{\varepsilon})^2=\frac{n(n-1)}{12}d^2 \tag{4.6}$$

假设 n 个时间节点中的测量值分别为 ε_1、$\varepsilon_2\cdots\varepsilon_n$；对应的测量误差为 δ_1、$\delta_2\cdots\delta_n$；测量误差相互独立且服从正态分布 $N(\mu,\sigma)$，其方差为 $\frac{n^2-\sigma^2}{n-1}$。因此，若考虑误差项，则

样本方差应该为：

$$S_n^2=\frac{n(n+1)}{12}d^2+\frac{n^2\sigma^2}{n-1} \tag{4.7}$$

标准差应该为：

$$S_n=\sqrt{\frac{n(n+1)}{12}d^2+\frac{n^2\sigma^2}{n-1}}\approx\sqrt{\frac{(n+1)}{12n}D^2+n\sigma^2} \tag{4.8}$$

同理，当岩土体处于稳定状态时，意味着土体时效变形量可以忽略不计（即 $d_i\approx0$），位移测量值的波动仅由测量误差引起。那么令式(4.8)中 $D=0$，监测数据的标准差可表示为：

$$S_n=\sqrt{\frac{n^2\sigma^2}{n-1}}\approx\sqrt{n}\sigma \tag{4.9}$$

根据以上分析，可采用监测数据的标准差 S_d 作为监控指标，并且假定变形稳定状态的指

标上限为 $S_{d1}=\sqrt{n}\sigma$；明显时效变形阶段的指标下限为 $S_{d2}=\sqrt{\frac{(n+1)}{12n}D^2+n\sigma^2}$，从而划定“区间”评判标准，对监测数据所反映出的变形稳定状态进行评判。

采用以上方法计算出路堤边坡大位移监测数据标准差 S_d 所处的区间位置，就可以对路堤边坡变形状态进行分析，相关阶段的评判标准如表 4.3 所示。

稳定安全评价标准　　表 4.3

S_d 所处区间	变形稳定阶段	稳定性描述
$0<S_d\leqslant S_{d1}$	稳定期	变形极小，稳定性非常好
$S_{d1}<S_d\leqslant S_{d2}$	异常期	发生异常变形，稳定性有波动
$S_{d2}<S_d\leqslant 2S_{d2}$	不稳定期	变形较活跃，稳定性较差
$S_d>2S_{d2}$	活跃期	变形非常活跃，边坡存在失稳破坏可能

4.2.2　边坡位移预测方法

如果评判路堤边坡的变形尚处于不稳定状态，那么还需要通过已有的监测信息预测变形发展趋势，从而预知边坡稳定性的变化。众所周知，变形预测的精度往往和已经掌握的监测信息量的大小有关，不同的信息量条件下各种模型与方法的适用性也不一样。以下分别针对大样本数据和小样本数据两种情况提出位移监测数据的分析预测模型。

(1)大信息量预测模型

大信息量条件下，路基位移监测数据丰富，可用的预测方法很多。考虑路基变形的时效性和蠕变性可以用蠕变经验公式模型对路基横向大变形进行预测。目前，岩土工程常用的蠕变变形预测模型主要有以下几个：

$$y(t)=b_0+b_1\ln(k+t)$$
$$y(t)=b_0+b_1\ln(t)+b_2t$$
$$y(t)=b_1(t-t_0)+b_2\ln(t-\ln t_0) \tag{4.10}$$

式中：b_0、b_1、b_2——回归参数；

t_0——回归起始时间。

经过反复试算和比较，采用时间因子 $\ln t$ 及 t 建立的预测模型比较适用于拟合路基边坡的位移监测数据，模型表达式为：

$$y_t=b_0+b_1\ln(t)+b_2t \tag{4.11}$$

式中：y_t——某时刻 t 的侧向位移量；

b_0、b_1、b_2——回归参数。

上述蠕变模型的局限在于，它不能反映外界环境的扰动对于变形的影响。在季冻区，路基边坡受到的外界环境影响最主要的是负温造成的冻胀变形。冰冻期的出现、持续时间长短及负温值基本上呈现周期性变化，路基冻胀引起的变形变化也会呈现周期性。为此，可以考虑在以上蠕变预测模型后面增加反映周期性冻胀增量的修正项，以适应季冻区的路堤高边坡工况。

水利工程中的土石坝结构与路基结构具有相似性，因此参照文献中土石坝冻胀量的表达式，提出如式(4.12)所示的周期项表示路堤边坡冻胀变形产生的分量：

$$\delta_\tau = \sum_{i=1}^{m_1} b_3 T_i + \sum_{i=1}^{m_2} (b_{3i} \cos \frac{2\pi it}{365} + b_{4i} \sin \frac{2\pi it}{365}) \tag{4.12}$$

式中：T_i——观测当天温度，℃；

t——从出现负温算起的时间，d；

m_1、m_2——负温观测周期，可取 9 或者 10。

含有冻胀分量的边坡位移预测模型的表达式为：

$$y_t = b_0 + b_1 \ln(t) + b_2 t + \sum_{i=1}^{m_1} b_3 T_i + \sum_{i=1}^{m_2} (b_{3i} \cos \frac{2\pi it}{365} + b_{4i} \sin \frac{2\pi it}{365}) \tag{4.13}$$

式中，参数定义同前。

(2)贫信息量预测模型

监测数据丰富时，体现的变形变化规律较为明显，预测难度较低，准确性也较高。但是，实际工程中常由于种种原因造成观测序列较短或者是部分缺失，可能无法保证预测精度。实际上，对于任何模型而言，贫信息量都是影响预测精度的不利因素。大量工程应用显示，灰色理论模型是一种较好的贫信息量预测模型。

传统的 GM(1,1)模型虽然可以通过重新建模的方式适应非等时距的监测序列，但是针对贫信息量条件其自身回归过程中还是存在一定的缺陷，主要体现在以下两个方面。

①在矩阵 B 当中，步长系数一般取为 0.5，即计算背景值：

$$Z^{(1)}(t) = \theta x^{(1)}(t-1) + (1-\theta) x^{(1)}(t) \tag{4.14}$$

其中，θ 一般取为 0.5，含义为在很短的时间间隔以内，$x^{(1)}(t-1)$和 $x^{(1)}(t)$之间不会出现突变量，所以前后两次取平均值。但是，对于实测变形而言有可能出现突变情况，所以不考虑监测数据本身情况，一律取 0.5 未必合适。

②GM(1,1)模型对不同时段监测信息重要性考虑不足。通常，采用等维新信息补充新的监测数据，可以一定程度上提高预测精度，但是如果不考虑拟合段数据和预测值的关联性，而简单采用一次累加的方法，往往会对数据的变化趋势做出错误的判断。

针对以上问题，对 GM(1,1)模型进行如下改进。

a. 参数 θ 的优化。

计算背景值 $Z^{(1)}(t) = \theta x^{(1)}(t-1) + (1-\theta) x^{(1)}(t)$ $(t=1、2\cdots n)$；GM(1,1)模型微分方程为：

$$\frac{\mathrm{d}x^{(1)}(t)}{\mathrm{d}t} + a x^{(1)}(t) = b \tag{4.15}$$

其中，a,b 为待定常数，$\dot{a} = [a,b]^T = (B^T B)^{-1} B^T Y$ 为待识别参数向量；

$$B = \begin{bmatrix} -(1-\theta) x^{(1)}(t_1) + \theta x^{(1)}(t_2) + \cdots + 1 \\ -(1-\theta) x^{(1)}(t_2) + \theta x^{(1)}(t_3) + \cdots + 1 \\ \cdots \\ -(1-\theta) x^{(1)}(t_{n-1}) + \theta x^{(1)}(t_n) + \cdots + 1 \end{bmatrix} \tag{4.16}$$

$$Y = \begin{bmatrix} x^{(0)}(2) \\ x^{(0)}(3) \\ \cdots \\ x^{(0)}(2) \end{bmatrix} \tag{4.17}$$

正则化后微分方程的解为：

$$\hat{x}^{(1)}(t)=\left[\hat{x}^{(1)}(t)-\frac{b}{a}\right]e^{-a(t-t_1)}+\frac{b}{a} \tag{4.18}$$

$\hat{x}^{(1)}(t_i)$的拟合值为：

$$\hat{x}^{(1)}(t_i)=\frac{\hat{x}^{(1)}(t_i)-\hat{x}^{(1)}(t_{i-1})}{\Delta t_i} \tag{4.19}$$

对未来某个时间 t_f 进行预测，先计算 t_n 和 $x^{(1)}(t_n)$，则预测值为：

$$\hat{x}^{(0)}(t_f)=\frac{\hat{x}^{(1)}(t_f)-\hat{x}^{(1)}(t_{f-1})}{\Delta t_f} \tag{4.20}$$

在此过程中，参数 θ 可以通过最优化的方法得到，误差函数为：

$$\theta=\sqrt{\sum_{i=1}^{n}\frac{\theta^2(i)}{n}} \tag{4.21}$$

$$\theta(i)=x^{(0)}(t_i)-\hat{x}^{(0)}(t_i),(i-1,2,\cdots,n) \tag{4.22}$$

实际计算时，θ 在 0～1 之间取值，计算误差最小的 θ 即为最佳值，然后再进行预测。

b. 监测数据权重优化。

当监测信息量较小、监测信息确实或者波动性较大时，缺失部分的监测信息以及较为靠前的监测信息对于预测值的重要性要远小于近期数据。这是因为，近期数据能够反映目前各变形影响因素对路基变形的作用情况，因而能够更好地反映变形变化发展趋势；远离的数据时效性相对较差。因此，对于不同时间段的样本可以分别赋予不同的权重值，以改善灰色模型的预测效果。

权重的确定采用以下计算公式：

$$W_{ti}=r^{\left(\frac{t_i}{t_{i-1}}\right)} \tag{4.23}$$

其中，W_{ti} 为时间 t_i 上数据的权重，t_1 为第一个数据的观测时间，显然 $W_{ti}=1$，越新的数据权重就越大；r 为常数，其取值可根据预测值和实测值的差异来确定：

$$r=1+\left|\frac{\sum x^{(0)}(t_i)-\hat{x}^{(0)}(t_i)}{x^{(0)}(t_i)}\right| \tag{4.24}$$

这样确定的 r 有如下特点：

(a) r 值由预测值和实测值的误差所确定，减小了人为主观性；

(b) r 的大小与误差相联系，误差较小时，r 接近于 1，此时计算得到的权重较小，加权的意义也不大，反之计算权重较大。使用加权灰色预测模型可以改善信息量较少条件下模型预测精度。经过优化后的 GM(1,1)模型就可以用来预测高路堤边坡的位移监测数据。

4.3　软基路堤沉降预测方法

软基路堤的不均匀沉降安全病害是造成运营期路面性能损坏的主要原因之一。通过对沉降监测数据的分析，并计算评价指标，可以对当前的路堤安全状态进行评价。当软基路堤沉降尚未稳定时，需要根据已有的监测信息，对沉降发展的趋势进行判定，这就是沉降预测的问题。

目前，路基沉降计算和预测方法主要分为三大类：

①以经典土力学模型为基础的传统计算方法。

②以本构理论模型为基础的数值计算法。

③以实测沉降数据为基础的模型预估法。

其分类如表 4.4 所示。

路基沉降计算方法分类　表 4.4

分　类	典型代表性方法	分　类	典型代表性方法
传统沉降计算方法	(1)一维沉降计算法； (2)斯开普敦和毕仑法； (3)三维计算法； (4)应力路径法等	实测数据预估方法	(1)各类经验公式法； (2)灰色理论模型； (3)神经网络模型等
数值理论计算方法	(1)有限元法； (2)有限差分法等		

传统沉降计算方法和数值计算方法都需要对土样做大量的试验来获取尽可能接近实际的参数，但由于土是一种变异性很大的工程材料，在其漫长的形成过程中，经历了自然和人为因素的作用，其性质十分复杂，因而通过勘察、取样、试验得到的土体参数是十分离散和不确定的，具有空间变异性；同时，从经济方面来考虑，勘探的密度及试验的次数不可能达到绝对令人满意的程度，所有这些无形中都影响了计算结果的准确性；另外，能否选取接近实际的本构模型也是提高计算结果准确性的一大难点。以上这些缺点都大大限制了其在运营期路基安全监测数据分析中的应用。

其实，运营期路基安全监测可以获得较为丰富的沉降观测资料，采用数学模型分析回归已知数据，从而对未发生的沉降进行预测是一种较为理想的方法，相比于传统计算和数值分析方法而言更为简便、可行。另外，这类方法避免获取各种复杂土性参数，只考虑监测数据所反映的工程信息，可以保证较好的预测精度。

4.3.1 路基沉降常用经验公式模型

常见用于路基沉降预测的经验公式模型包括：双曲线、指数曲线、对数曲线、星野法、Asaoka 法、Logistic 曲线等。

(1)双曲线模型

双曲线模型反映的沉降量和时间变化方程式为：

$$S_t = S_0 + \frac{t - t_0}{\alpha + \beta(t - t_0)} \tag{4.25}$$

式中：S_0——初始时刻 t_0 沉降量；

S_t——某时刻 t 沉降；

α、β——回归参数。

双曲线模型回归采用图解法，回归及预估原理如下。

①将式(4.25)改写为：

$$\frac{t-t_0}{S_t-S_0}=\alpha+\beta(t-t_0) \tag{4.26}$$

②选定初始时刻沉降值 t_0 和 S_0（一般可选择恒载期第一个监测数据），然后由实测数据序列计算出$\frac{t-t_0}{S_t-S_0}$与$(t-t_0)$，并且绘制直线型图线；

③α、β 分别为直线的截距和斜率，随之可以确定；

④将计算出的 α、β 代入式(4.26)即可对任意时刻沉降 S_t 进行预估；

⑤最终沉降 $S_\infty=S_0+\frac{1}{\beta}$。

值得指出的是，以上为双曲线模型的普遍形式，当不考虑起点数据时，双曲线在形式上可以简化。

令 $y_i=\frac{t-t_0}{S_t-S_0}$，$x_i=t-t_0$，则采用最小二乘法可得 α、β 的计算公式为：

$$\beta=\frac{\sum_{i=1}^{n}(x_i-\bar{x})(y_i-\bar{y})}{\sum_{i=1}^{n}(x_i-\bar{x})^2} \tag{4.27}$$

$$\alpha=\bar{y}-\beta\bar{x} \tag{4.28}$$

将得到的 α、β 带入上式即可求得 S_∞ 及 S_t。

(2)指数曲线模型

固结度理论解 $\bar{U}=1-\alpha e^{-bt}$ 在不考虑次固结条件下时间 t 的沉降为：$S_t=S_d+\bar{U}S_c$，固结理论揭示了地基荷载稳定后沉降按照指数曲线变化，计算式为：

$$S_t=S_0+\alpha(1-e^{\frac{-(t-t_0)}{\beta}}) \tag{4.29}$$

对 t 求导可知任意时刻所对应的沉降速率为：

$$\frac{dS_t}{dt}=\frac{\alpha}{\beta}e^{-\frac{t-t_0}{\beta}} \tag{4.30}$$

将其写成增量形式，以 $t_m=t+\Delta t/2$ 代替 t 值后得到：

$$\frac{\Delta S_t}{\Delta t}=\frac{\alpha}{\beta}e^{-\frac{t_m-t_0}{\beta}} \tag{4.31}$$

取对数：

$$\lg\frac{\Delta S_t}{\Delta t}=\lg\frac{\alpha}{\beta}+\frac{t_0-t_m}{\beta}\lg e \tag{4.32}$$

指数曲线一般运用解析法进行求解，步骤如下：

①令 $y=\lg\frac{\Delta S_t}{\Delta t}$，$a=\lg\frac{\alpha}{\beta}+\frac{t_0}{\beta}\lg e$，$b=-\frac{1}{\beta}\lg e$，则转化为直线方程 $y=a+bt_m$；

②根据实测资料，利用最小二乘法求出 a、b；

③再由 a、b 求出 α、β。

如果模型为三参数模型，那么可以将指数模型概括为两类基本形式，它们的标准形式如下。

①普通指数模型：

$$S_t=S_0+\alpha(1-e^{-\frac{t-t_0}{\beta}}) \tag{4.33}$$

②反指数模型：

$$S_t = S_0 + \alpha(1 - e^{-\frac{\beta}{t-t_0}}) \tag{4.34}$$

这两种曲线模型的区别主要在指数项的自变量形式上，普通模型的指数项基本形式为 e^t，它本身是不收敛的，因此，在预估过程中参数 β 的取值必须为负值，才能保证后期沉降会趋于稳定并且达到极限，而反指数则恰恰相反，必须要 β 的取值为正数时才能收敛。这两种曲线在变化形态上也有所不同，以最简单的情况为例，考察 $e^{1/x}$ 以及 e^{-x} 在第一象限内的变化情况如图 4.5所示：两种曲线分别只能在直线 $y=1$ 的上面以及下面收敛，它们覆盖的是不同区域，因此具有某种互补性。从直观的角度讲，$x\to0+$ 时反指数曲线的绝对值会趋向于无穷大，意味着该种曲线可能对于“越靠前面沉降越快，越往后面沉降越慢”的前后变化较大的实测沉降曲线较为敏感；而 $x\to0+$ 时，普通指数曲线已经进入了收敛阶段，并且它的变化最大值不会超过1，这种特性意味着该种曲线可能适应于前后变化相对平稳的沉降实测曲线的拟合回归。

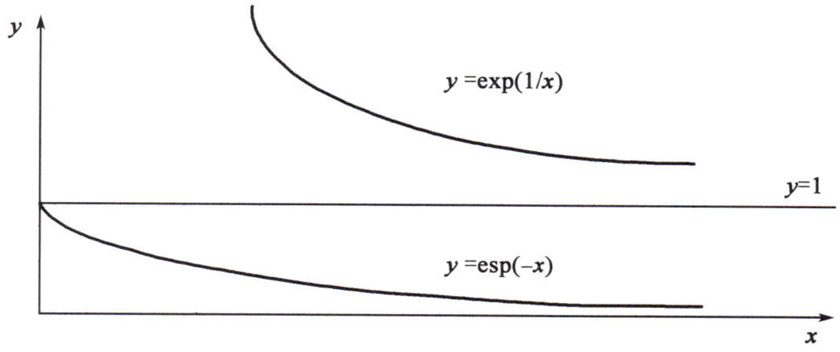

图 4.5　指数项的曲线形态特征

(3)对数曲线模型

对数函数曲线的一般形式分为两类，自然对数及常用对数，表达式如下。

①自然对数函数关系：

$$S = a + b \times \ln(1 + c \times t) \tag{4.35}$$

②常用对数函数关系：

$$S = a + b \times \lg(1 + c \times t) \tag{4.36}$$

实际工程中较少直接使用以上对数函数模型对 s-t 曲线进行拟合预估。但是，有研究通过对现场观测值的分析，发现软基路堤工后的沉降—时间曲线在初期并不表现为双曲线或指数曲线形式，而在沉降—时间对数坐标系中(t-lg$t$)可看出大致由两部分组成：第一部分可用抛物线式来拟合；第二部分也即次固结部分可以由直线拟合。第一、二部分发生的量级、时间取决于土层固结后达到的孔隙比所对应的当量固结应力，只要运营期间的有效力小于预压期末的固结应力，次固结可以忽略不计。实践表明，除了有机质含量高的土体外，沉降量主要集中在第一部分。鉴于以上分析，提出了对数抛物线法，表达式为：

$$S = A(\lg t)^2 + B(\lg t) + C \tag{4.37}$$

式中：A、B、C——系数，可用优化法求得。

工程应用的结论表明：该模型对于塑料排水板法处理的深厚软土地基适用性较好，仅需要短期数据就可以做出相当精度的预测，效果好于双曲线。

(4)星野法

星野法是基于太沙基固结理论得出的固结度U和时间t的平方根成正比的关系。通过对在现场获取的实测沉降值的研究,认为包括剪切变形沉降的总沉降量与时间平方根成正比,其基本计算公式为:

$$S_t = S_i + \frac{AK\sqrt{(t-t_0)}}{\sqrt{[1+K^2(t-t_0)]}} \tag{4.38}$$

可将此式改写为:

$$\frac{t-t_0}{(S_t-S_i)^2} = \frac{1}{A^2K^2} + \frac{1}{A^2}(t-t_0) \tag{4.39}$$

式中:S_i——瞬时加载产生的瞬时沉降量;

K——影响沉降速度的系数;

A——求$t\to\infty$时最终沉降值的系数。

这样以$(t-t_0)$为横坐标,以$\frac{t-t_0}{(S_t-S_i)^2}$为纵坐标,利用实测数据值做数据图,就可以确定$A$、$K$的值,从而可以计算出任意时刻的沉降量。当$t\to\infty$时,便可得到星野法计算最终沉降量的公式:

$$S = S_i + A \tag{4.40}$$

(5)Asaoka法(浅岗法)

Asaoka法也称浅岗法,是Asaoka(1978年)提出的一种从一定时间所得沉降观测资料来预计最终沉降量和沉降速率的方法。

由Mikasa(1963年)导出的,以垂直(体积)应变所表示的固结微分方程为:

$$\frac{\partial \varepsilon_v}{\partial t} = C_v \frac{\partial^2 \varepsilon_v}{\partial z^2} \tag{4.41}$$

式中:ε_v——垂直应变;

t——时间;

z——距黏土层顶面深度;

C_v——固结系数。

由沉降量$S(t)=\int_0^H \varepsilon(t,z)\mathrm{d}z$,再结合排水边界条件,Asaoka解出了沉降量$S$可以由下面的微分方程表示:

$$S = a_1\frac{\mathrm{d}S}{\mathrm{d}t} + a_2\frac{\mathrm{d}^2S}{\mathrm{d}t^2} + \cdots + a_n\frac{\mathrm{d}^nS}{\mathrm{d}t^n} + \cdots = b \tag{4.42}$$

式中,S为固结沉降量,a_n和b是取决于固结系数和土层边界条件的常数。沉降—时间曲线$S(t)$可分离成$t_j=j\times\Delta t$,$j=1$、2、3…,且Δt为常数,S_j为t_j的沉降量。S_j的n阶递推关系为:

$$S_j = \beta_0 + \sum_{i=1}^{n}\beta_i S_{j-1} \tag{4.43}$$

通常情况下，第一阶近似的结果已经可以满足工程上的要求，则上式简化为：

$$S_j = \beta_0 + \beta_1 S_{j-1} \tag{4.44}$$

根据实测沉降资料作图确定待定参数 β_0、β_1 和最终沉降量，基本步骤如下：

①将时间划分为相等的时间段 Δt，在实测沉降曲线上读出 t_1、t_2 所对应的沉降值 S_1、S_2，并制成表格。

②在以 S_{i-1}、S_i 为坐标轴的平面上将沉降值 S_1、S_2 以点（S_{i-1}、S_i）画出，同时作 $S_{i-1}=S_i$ 的 45°直线。

③过系列点（S_{i-1}、S_i）作拟合直线与 45°直线相交，交点对应的沉降为最终沉降。

Asaoka 法推算过程中，Δt 的取值对最终结果有较大影响，一般如果 Δt 取得过大，S_i 点过小将使得结果产生较大偏差；在实际工程中 Δt 一般取 30～100d，所以，应当计算不同的 Δt 相对应的最终沉降，然后取相关性最大的作为最终沉降量，避免因 Δt 取得不当而造成预测偏差。另外，Asaoka 法不能考虑和判断次固结沉降的过程，因此，在次固结较为明显的工程案例中不推荐使用。

(6)Logistic 曲线模型

S 形结构是生物学甚至社会学的基本规律。理论上，可依任何方法设计出数学方程来描述某种 S 形增长，这类数学模型就称之为 S 形曲线模型。常用于工农业生产和科学研究的 S 曲线模型主要有 Verhulst 曲线、Logistic 曲线模型、崔—L 方程（崔启武与 Lawson 提出）、Usher 模型、Gompertz 模型等，虽然这些模型的数学表达式各不相同，但是其 S 形发展过程的基本原理却是一致的。在沉降预测中，Logistic 曲线比其他 S 形曲线应用普遍。

Logistic 曲线亦称为泊松曲线、饱和曲线、逻辑曲线等，如图 4.6 所示。在时间序列预测中，Logistic 曲线表达式为：

$$S_t = \frac{k}{1 + a\mathrm{e}^{-bt}} \tag{4.45}$$

式中：S_t——对应于时间的预测值，cm；

t——时间；

a、b、k——回归系数，b 单位为时间的倒数，k 单位为 cm，a 无量纲。

根据表达式可知，Logistic 曲线具有以下基本属性：

①不通过原点：$t=0$ 时，$S_t=k/1+a$；

②存在拐点，呈 S 形：拐点坐标为（$\ln a/b$，$k/2$）。

图 4.7 显示了逻辑曲线的适应范围：假设在 $k=100$，$a=99$ 的前提下，在区间[0.1，5]调整 b 的值，沉降值可覆盖的范围非常广。这一特点，使得 Logistic 曲线模型具备拟合不同形态的沉降—时间变化曲线的能力。

Logistic 模型一般采用 3 段法求解。通常用 3 段法求解 Logistic 模型要求实测数据必须满足以下条件：

①沉降时间序列中数据项数 n 必须是 3 的倍数，则计算时可以将序列数分为 3 段，每段含有 $n/3=r$ 项；

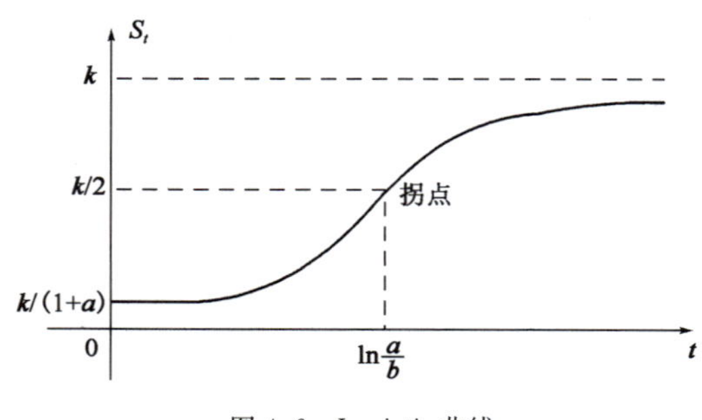

图 4.6 Logistic 曲线

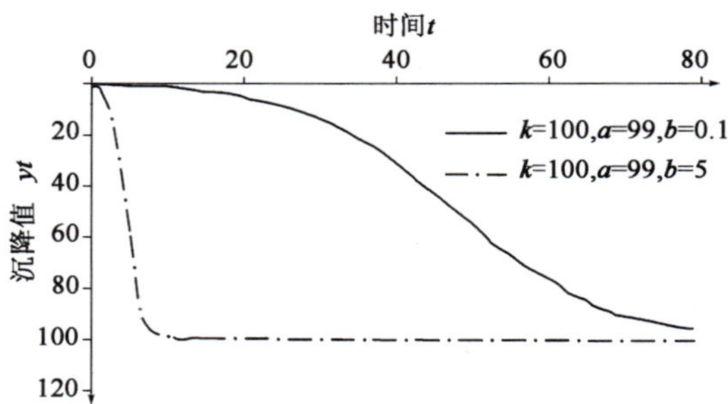

图 4.7 Logistic 曲线适应范围示意图

②自变量 t 的时间间隔相等并且前后连续，即为等时间间隔。将时间 t 分为 3 段：第一段 $t=1,2,3\cdots r$；第二段 $t=r+1,r+2,r+3\cdots 2r$；第三段 $t=2r+1,2r+2,2r+3\cdots 3r$。

设 S_1、S_2、S_3 分别为这 3 个段内各项数值的倒数之和，即有：

$$
\begin{aligned}
S_1 &= \sum_1^r \frac{1}{y(t)} \\
S_2 &= \sum_{r+1}^{2r} \frac{1}{y(t)} \\
S_3 &= \sum_{2r+1}^{3r} \frac{1}{y(t)}
\end{aligned}
\tag{4.46}
$$

将 Logistic 曲线模型改为倒数形式，即：

$$
\frac{1}{y(t)} = \frac{1}{L} + \frac{a\mathrm{e}^{-bt}}{L} \tag{4.47}
$$

则有：

$$
\begin{aligned}
S_1 &= \sum_1^r \frac{1}{y(t)} = \frac{r}{L} + \frac{a\mathrm{e}^{-b}(1-\mathrm{e}^{-rb})}{L(1-\mathrm{e}^{-b})} \\
S_2 &= \sum_{r+1}^{2r} \frac{1}{y(t)} = \frac{r}{L} + \frac{a\mathrm{e}^{-(r+1)b}(1-\mathrm{e}^{-rb})}{L(1-\mathrm{e}^{-b})} \\
S_3 &= \sum_{2r+1}^{3r} \frac{1}{y(t)} = \frac{r}{L} + \frac{a\mathrm{e}^{-(2r+1)b}(1-\mathrm{e}^{-rb})}{L(1-\mathrm{e}^{-b})}
\end{aligned}
\tag{4.48}
$$

由式(4.48)可得：

$$
\begin{aligned}
b &= \frac{\ln\dfrac{(S_1-S_2)}{(S_2-S_1)}}{r} \\
L &= \frac{r}{S_1 - \dfrac{(S_1-S_2)^2}{(S_1-S_2)-(S_2-S_3)}} \\
a &= \frac{(S_1-S_2)^2(1-\mathrm{e}^{-b})L}{[(S_1-S_2)-(S_2-S_3)]\mathrm{e}^{-b}(1-\mathrm{e}^{-rb})}
\end{aligned}
\tag{4.49}
$$

4.3.2 软基路堤沉降回归预测

工后沉降实际是路基总沉降的组成部分，工后沉降与路基沉降的关系可以用图 4.8 表示。工后沉降的计算及预估与路基沉降计算及预估密不可分，从理论上说，如果路基沉降计算准确，其工后沉降曲线也应该准确。

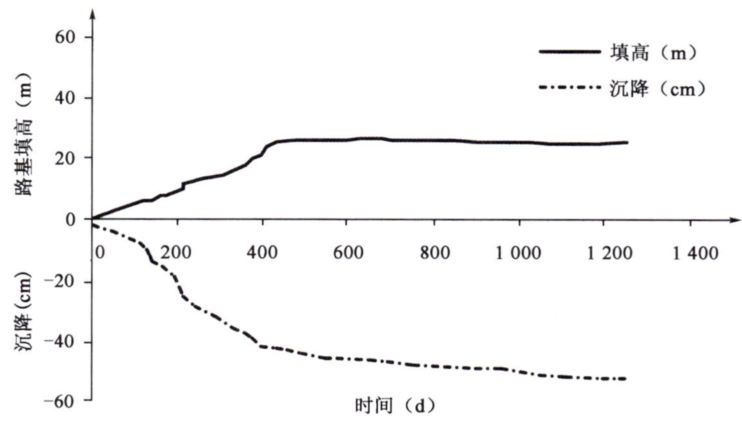

图 4.8 某高速公路 K73＋000 段沉降观测曲线

(1)软基路堤沉降曲线的特征

大量工程实践证明，一条完整的沉降曲线一般由三部分组成，各部分特征如下。

①加荷阶段：沉降随荷载增加而急速发展，沉降速率并不随时间推移而逐步减少，这一沉降曲线段多呈反弯形状。

②完工后的固结阶段：总沉降值缓慢增加，但沉降速率明显减慢，直到主固结完成。

③长期沉降段：主要表现为主固结完成后的次固结沉降。这一阶段总沉降增加极为缓慢，但沉降速率在一个较低的水平上相对稳定。这一过程视地基情况而定，并有可能持续一个很长的时间（文献中记录了有些泥炭土地基上的沉降，其次固结阶段可能持续几十年）。

以西南某高速公路 K73＋000 段软基高路堤沉降曲线为例：在 460d 前，属于加荷阶段①，460～680d 属完工后的固结阶段②，680d 以后属长期沉降阶段③。

区别于一般地基上的路基，软基路堤的沉降曲线有两个典型的特征：一个是曲线的反弯特征（也就是存在拐点）；另一个是长期沉降特征（与软土次固结有关）。

根据太沙基固结理论导出的 s-t（时间—沉降）曲线形状如图 4.9 所示，这种发展趋势与实际工程中填方较低的路基实测 s-t 曲线趋势是基本相吻合的。但是，软基路堤尤其是高填方路堤的实测沉降曲线形状常如图 4.9 所示。软基高路堤典型沉降曲线大致可以分为三段：在开始阶段，沉降增长慢，曲线斜率小（ds/dt 值小）；在中段，沉降发展逐渐增大，曲线斜率逐渐增大（ds/dt 值增大），沉降发展快；在后期沉降逐渐趋于稳定，增加值趋于 0，ds/dt 趋于 0，最终沉降 s 为一定值。地基越软弱、填方高度越大，这种反弯的现象就越明显。

工程中有些软土，诸如高塑性黏土、有机质土及草炭土等，其每级荷载下的沉降预测值会在趋于稳定后继续保持长时间低水平发展。工程经验表明：对排水固结下的软土地基，当固结度接近 100%时，沉降仍以每年 0.1～0.5cm 的速率发展，显然次固结造成的软基长期沉降是不可忽略的。

土体流变特性表现在蠕变、松弛、流动和长期荷载作用下强度降低等方面。次固结或次压缩确切的是指土体中超静孔隙水压力全部消散、主固结已经完成，因土颗粒骨架的自身蠕变特性，在荷载作用下发生的缓慢沉降。鉴于土体的次固结是由其自身的流变特性引起的，故软土的次固结考虑了其流变效应，如图 4.10 所示。

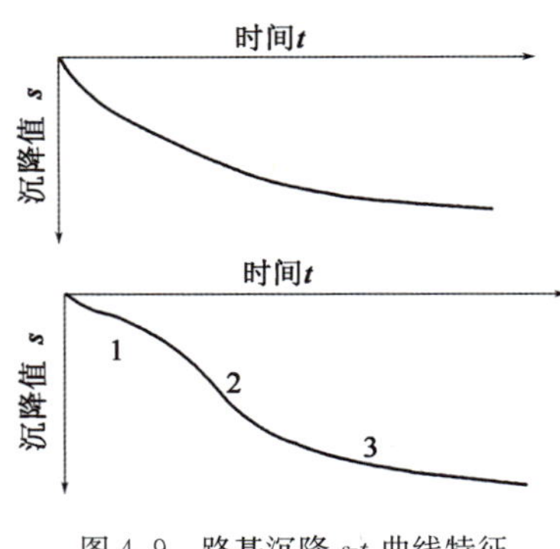

图 4.9　路基沉降 s-t 曲线特征

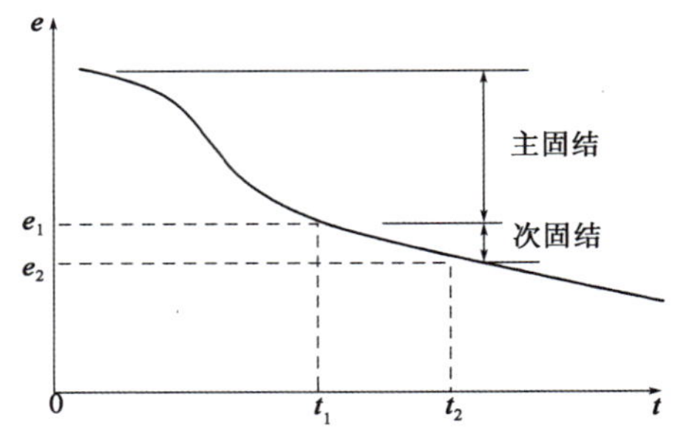

图 4.10　主、次固结沉降过程示意图

(2)模型评价指标

预测模型是否适用，相互之间孰优孰劣，需要采用一定的指标才能进行比较。对于沉降预测模型而言，模型的适用性主要体现在两个方面：第一，模型拟合段数据与用于回归的实测值的相关程度；第二，模型预测值与实测值的误差。本书采用相关系数指标和预测值相对误差指标作为各模型评价和比较的依据。

①相关系数 R_Y：

$$R_Y = \sqrt{\frac{(W-Q)}{W}} \tag{4.50}$$

$$Q = \sum_{i=1}^{n} (\Delta S_i - \Delta \hat{S}_i)^2 \tag{4.51}$$

$$W = \sum_{i=1}^{n} (\Delta S_i - \Delta \overline{S})^2 \tag{4.52}$$

②预测值相对误差 $\Delta\delta$：

$$\Delta\delta = \frac{S_{xt} - S_{0t}}{S_{0t}} \tag{4.53}$$

式中：ΔS_i——原始观测值；

$\Delta \hat{S}_i$——回归值；

S_{xt}——t 时刻模型预测值；

S_{0t}——t 时刻实测值。

以上相关系数不是表征变量之间线性相关程度的量，而是表征变量之间按照所选定的(线性或非线性)函数关系的相关程度，相关系数越接近 1，曲线与实测数据拟合的越好。回归曲线预测的目标沉降值是否和实测真实值接近，也是判定预测模型适用性的重要指标。根据项目研究目标，拟定相对误差绝对值 $\Delta\delta \leqslant 15\%$ 为判定预估模型是否适用的最低标准。

(3)实际工程回归分析

软基路堤安全评价要求的预测目标值是工后沉降，工后沉降实际是路基总沉降的组成部分。工后沉降的预测与路基总沉降的预测密不可分，从理论上说，如果路基总沉降预测得准确，得到的工后沉降也应该是准确的。

安全病害调研过程中曾经对西南某高速公路软基高填方重点段落的沉降进行了长期跟踪观测。

该高速公路全线 8m 以上(中心填高)高路堤有 200 多处，20m 以上高路堤有 20 多处，填料主要为页岩。在这 200 多处高路堤中，大多数为沟谷相软基路堤，也存在大量填挖交界的路段。其中，填方高度最高的段落有 33m(K21+785～K22+000 段)，软基上填方高度超过 15m 的段落有 28 段。在监控段落中，软基处治方法分别采用了碎石桩、排水板、换填、垫层、反压护道、加筋等。该高速公路沉降监测从 2000 年软基处治施工开始，一直持续到 2004 年年初结束，获得了大量从施工期到运营初期的路基沉降监测数据。监测的目的主要是通过掌握施工期以及预压期的沉降变化规律，从而分析和预测运营期尤其是早期工后残余沉降发展变化趋势情况，对路基结构早期安全进行分析评价。对沉降监测数据主要通过回归的方式预测运营期前两年的工后沉降以及工后总沉降。

高速公路路基施工从 2000 年上半年开始，到 2001 年 7～12 月，基本填筑到了路基 95 区。在 2002 年 1～4 月间，完成了基层施工。在 2002 年 5～10 月间，进行了路面铺筑。整个监测工作延续的时间基本都为 3～4 年，包括施工期、预压及路面铺筑期、交工后的运营期。以下分别采用常用经验公式模型对一些监测断面获取的沉降数据进行回归分析，并且对运营前期发生的总沉降以及工后沉降进行预测。

①K73+000 段监测数据回归分析。

该路段地基为软弱地基，路段地处丘间谷地，坳沟内覆盖第四系全新统残坡积低液限黏土，厚 9～11m，呈软—可塑状。路段所在沟内地势平缓，排水不畅，土体常年饱水，天然含水率 29%～32%，路基填高 26.49m。地基处治方法：路基左右两侧加反压护道，宽 6～11m，低于路肩 11～18.5m，粒料桩与排水板处治，间距 2m，正三角形布设；K72+938～K73+300 段基底铺 5 层土工格栅，K72+938～K73+300 段路基顶部铺 4 层土工格栅。路基为砂岩土石混合填料。表 4.5 所示为该断面路基沉降监测数据，计算路基总沉降为 54.8cm。

K73+000 实测沉降数据 表 4.5

时间(d)	44	113	132	148	163	178	193	209	255	284	319	347
沉降值(cm)	4.1	7.3	9.5	13	15.8	17.3	18.8	24.4	29	31.1	33.6	36.2
时间(d)	355	362	369	375	397	440	462	491	505	536	564	595
沉降值(cm)	37.1	37.9	38.7	39.2	41.1	42.8	43.9	44.6	45.4	46.2	46.9	47.4
时间(d)	625	656	686	717	748	778	809	839	896	914	942	987
沉降值(cm)	47.9	48.2	48.6	48.7	48.9	49.2	49.5	49.8	50.0	50.3	50.6	50.9
时间(d)	1 027	1 075	1 131	1 169	1 198	1 247						
沉降值(cm)	51.2	51.2	51.5	51.6	51.8	51.9		计算总沉降 S_∞=54.8cm				

a. 恒载期之前的监测数据回归预测。

采用填土期(0～450d)监测数据进行回归，预测运营前期(1 131d)发生的沉降量以及总沉降量，回归及预测结果如表 4.6、表 4.7 所示。

0～450d 监测数据回归方程 表 4.6

回归方程		相关指数
指数曲线 1	$S_t = 117.92 - 123.4e^{-0.00119t}$	0.991
指数曲线 2	$S_t = 2.578 + 78.798e^{(-292.706/t)}$	0.994
双曲线 1	$S_t = \frac{t}{-0.00745t + 12.79} + 0.404$	0.992
双曲线 2	$S_t = \frac{t}{-0.00853t + 1.591} - 39.395$	0.981
星野法	$S_t = 7.3 + \frac{4.47(t-255)^{0.5}}{[1+0.0112(t-255)]^{0.5}}$	0.986

0～450d 实测数据回归及预测结果 表 4.7

模型		双曲线 1	双曲线 2	指数曲线 1	指数曲线 2	星野法
S_{1131}	实测值(cm)	51.5				
	预测值(cm)	88.88	−179.78	85.79	63.40	47.5
	残差(cm)	37.38	−231.28	34.29	11.90	−4.0
	误差(%)	72.58	−449.10	66.6	23.11	−7.8
S_∞	实测值(cm)	54.8				
	预测值(cm)	∞	−156.62	116.86	81.37	49.04
	残差(cm)	—	−211.42	62.06	26.57	−5.76
	误差(%)	—	−409.94	114.2	48.49	−10.5

注：观测期 0～450d 中拥有 18 个监测数据；回归过程中双曲线 2 为 180～450d 的数据回归结果；星野法通过试算确定了最佳回归数据起始点为 $t_0=255$，$s_0=7.3$。

从回归及预测的结果可以看出，采用恒载期之前的监测数据回归各模型预测运营期沉降的效果非常不理想。双曲线和指数曲线的预测误差非常大，只有星野法的预测结果能够满足工程要求的精度，但是，前提是必须反复试算合理的回归数据起点。

b. 交工运营之前的监测数据回归预测。

采用交工运营之前 0～900d 的监测数据进行回归，预测运营前期(1 131d)发生的沉降以及总沉降量，回归及预测结果如表 4.8、表 4.9 所示。从回归及预测结果可以看出，当监测数据包含恒载期以后的数据时，各回归模型的预测精度有明显提高。双曲线 1 预测误差较大，但是去除前 180d 的数据后，双曲线 2 的预测精度较双曲线 1 有了明显好转；指数曲线 1 的精度要好于指数曲线 2；星野法在确定合理的回归数据起点条件下，可以取得精度较高的预测结果。从预测结果来看，双曲线及反指数曲线的预测值偏大，指数曲线的预测精度要好于双曲线。

②K151＋590 段监测数据回归分析。

该路段为软弱地基，路基最大填高 19m，左侧设反压护道，宽 12m，低于路肩 6m。右侧设反压护道，宽 12m，低于路肩 6m。填料类型：泥岩及土石混合填料，路基填筑期 578d。路基沉降监测曲线如图 4.11 所示。

0～900d 实测数据模型回归方程 表 4.8

	回归方程	相关指数
指数曲线 1	$S_t=54.98-67.57e^{-0.0037t}$	0.989
指数曲线 2	$S_t=1.026+71.183e^{-248.22/t}$	0.990
双曲线 1	$S_t=\frac{t}{-0.00753t+7.68}+1.933$	0.981
双曲线 2	$S_t=\frac{t}{-0.00426t+0.1901}-170.74$	0.976
星野法	$S_t=7.3+\frac{4.031(t-255)^{0.5}}{[1+0.07242(t-255)]^{0.5}}$	0.997

0～900d 实测数据回归及预测结果 表 4.9

模型		双曲线 1	双曲线 2	指数曲线 1	指数曲线 2	星野法
S_{1131}	实测值(cm)	51.5				
	预测值(cm)	67.89	55.10	53.95	58.18	51.32
	残差(cm)	16.39	3.60	2.45	6.68	−0.18
	误差(%)	31.83	6.99	4.75	12.97	−0.35
S_∞	实测值(cm)	54.8				
	预测值(cm)	130.86	64.01	54.98	72.21	54.66
	残差(cm)	76.06	9.21	0.18	20.41	−0.14
	误差(%)	138.79	16.81	0.33	37.24	−0.26

注：观测期 0～900d 中拥有 33 个监测数据；回归过程中双曲线 2 为 180～900d 的数据回归结果；星野法通过试算确定了最佳回归数据起始点为 $t_0=255$，$s_0=7.3$。

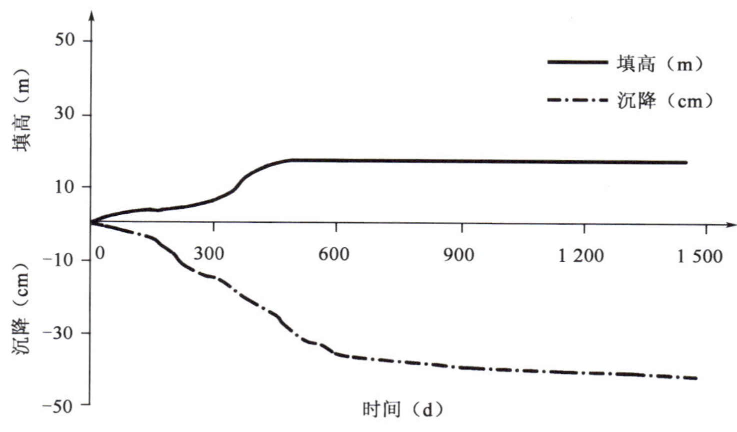

图 4.11 成南高速公路 K151＋640 实测沉降曲线

采用恒载期的监测数据(578～922d)进行模型的回归，预测运营期前期(953～1 440d)的沉降，回归及预测结果如表 4.10、表 4.11 所示，回归方程预测 953～1 440d 的沉降值与实测值比较如图 4.12 所示。

578～922d 实测数据模型回归方程 表 4.10

	回归方程	相关指数
指数曲线 1	$S_t=42.13-44.33e^{-0.003t}$	0.998
指数曲线 2	$S_t=-66.02+114.495e^{-76.47/t}$	0.998
双曲线	$S_t=\frac{t}{-0.012t+1.579}-33.60$	0.997
星野法	$S_t=5.9+\frac{4.86(t-588)^{0.5}}{[1+0.0174(t-588)]^{0.5}}$	0.903

回归方程预测运营期前期沉降结果 表 4.11

时间(d)		953	1 119	1 337	1 440
实测值(cm)		39.5	40.7	41.7	41.9
指数曲线 1	预测值(cm)	39.59	40.59	41.33	41.54
	残差(cm)	0.09	−0.11	−0.36	−0.36
	误差(%)	0.23	−0.27	−0.86	−0.86
指数曲线 2	预测值(cm)	39.65	40.91	42.12	42.56
	残差(cm)	0.15	0.21	0.42	0.66
	误差(%)	0.38	0.52	1.00	1.58
双曲线	预测值(cm)	39.62	40.97	42.27	42.76
	残差(cm)	0.12	0.27	0.57	0.86
	误差(%)	0.30	0.66	1.37	2.10
星野法	预测值(cm)	40.15	40.89	41.41	41.56
	残差(cm)	0.65	0.19	−0.29	−0.34
	误差(%)	1.65	0.47	−0.7	−0.81

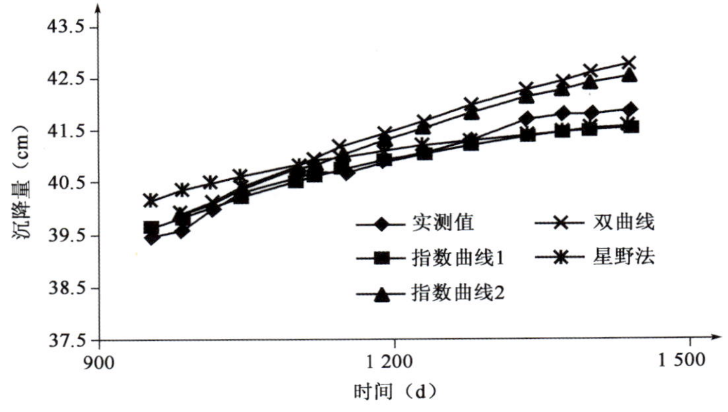

图 4.12 预测沉降值与实测值比较

从以上回归结果可以看出，采用恒载期以后的数据回归方程预测运营前期沉降量的效果非常好，各模型的预测精度也都非常高。相比较而言，指数曲线模型预测精度均控制在 1%以内，要好于其他模型；双曲线模型和反指数曲线模型预测结果较实测值偏大；星野法拟合方程的相关性要略差于其他模型。

③某试验路段软基监测数据回归分析。

为了考察各模型在长期次固结沉降较为明显的软基路段的适用性，采用文献中某试验路段软基沉降监测数据，如表 4.12 所示。对各模型进行回归，并且对总沉降进行预测。根据计算，该路堤最终沉降为 428mm，图 4.13 绘出了该路堤的实测沉降曲线。

试验路段原位观测资料　　表 4.12

时间(d)	0	25	55	85	118	148	185	235	249
沉降值(mm)	0	47	95	255	300	318	328.8	333.8	335.3
时间(d)	309	365	425	485	575	636	726	816	906
沉降值(mm)	340.6	345.7	352.6	356.3	359.4	362.6	365.6	368.2	370.3

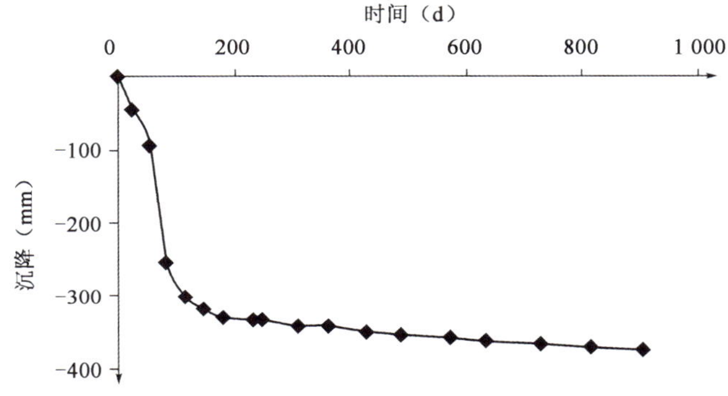

图 4.13　试验路实测沉降曲线

分别采用恒载期之前（0～118d）的监测数据以及恒载期之后（0～485d）的监测数据对各模型进行回归分析，并且预测总沉降。回归方程及预测结果如表 4.13 及 4.14 所示。

0～118d 实测数据回归方程及总沉降预测结果　　表 4.13

回归方程		相关指数	预测 S_∞ (mm)	残差 (mm)	误差 (%)
指数曲线 1	$S_t=1\,475.266-1\,496.393e^{-0.002\,07t}$	0.973	1 475.27	1 047.27	244.69
指数曲线 2	$S_t=24.351+591.041e^{-94.30/t}$	0.950	615.35	187.35	43.77
双曲线	$S_t=\dfrac{t}{-0.000\,09t+0.389\,24}-21.110$	0.973	∞	∞	∞
星野法	$S_t=47+\dfrac{48.28(t-55)^{0.5}}{[1+0.020\,6(t-55)]^{0.5}}$	0.903	383.70	−44.30	−10.51

注：监测时段 0～118d，5 个监测值；星野法起始点为 $t_0=55$，$s_0=47$mm（星野法只有 2 个有效点）；计算总沉降量为 428mm。

从试验路监测数据的回归结果可以看出，恒载期之前监测数据回归各模型的效果仍然较差，基本无法用于沉降预测；而恒载期之后的监测数据回归效果较好。这一结果与西南某高速公路监测数据的回归结果相一致。

0～485d 实测数据回归方程及总沉降预测结果 表 4.14

回归方程		相关指数	预测 S_∞（mm）	残差（mm）	误差（%）
指数曲线 1	$S_t=356.31-631.954e^{-0.0157t}$	0.924	356.31	−71.69	−16.75
指数曲线 2	$S_t=-54.14+461.314e^{-41.72/t}$	0.936	407.17	−20.83	−4.87
双曲线	$S_t=\frac{t}{0.00144t+0.04038}-293.46$	0.964	400.98	−27.02	−6.31
星野法	$S_t=95+\frac{36.93(t-55)^{0.5}}{[1+0.018(t-55)]^{0.5}}$	0.999	370.18	−57.82	−13.51

注：监测期 0～485d，13 个监测值；星野法起始点为 $t_0=55$，$s_0=95$mm；计算总沉降量为 428mm。

使用恒载期之后的数据回归预测总沉降，所有模型的预测结果都不同程度地偏小，这反映了软基路堤长期次固结作用对沉降曲线的影响。其中，指数曲线模型预测结果，误差达到了−16.75％；双曲线和反指数曲线预测值稍大，误差分别为−6.31％和−4.87％，预测精度要好于指数曲线。星野法的预测精度还是要依赖于不断试算最佳回归数据起点。

（4）模型回归小结

以上通过西南某高速两个路段测点获取的监测信息以及书中的沉降监测数据对双曲线模型、指数曲线模型、反指数曲线模型以及星野法进行了回归，并且根据回归方程对运营期前期沉降和总沉降进行了预测。根据模型回归及预测结果可以得出如下结论：

①采用恒载期以前的监测数据回归各模型的效果都很不理想，预测误差很大，不能满足工程中沉降预测的要求。

②采用恒载期以后的监测数据回归各模型效果较好，各模型预测精度都有明显提高，相互之间的优劣较难比较，但还是有略微差别；通常反指数曲线和双曲线预测结果容易偏大，星野法需要确定合理的回归数据起点，才能取得较好的预测精度；指数曲线的预测精度相对好于其他模型。

③对于长期沉降较为明显的软基工况，所有模型的预测结果都偏小。其中，指数曲线预测误差达到了 16.75％，已经不能满足工程应用的最低要求；双曲线和反指数曲线预测值要大于指数曲线，预测精度相对较好。因此，对于深厚软基次固结作用较强的工况，建议采用双曲线模型或者反指数曲线模型进行回归，预测路基的长期沉降。

④星野法以及某些情况下的双曲线模型对于起始段数据的敏感性较强，当前面的数据表现出离散性强、规律性差时，就必须选择合适的回归数据起点从而剔除这部分数据，才能够保证回归预测的精度。这一局限性极大地限制了星野法和双曲线在沉降预测中的应用，指数曲线和反指数曲线在这一点上要优于双曲线和星野法。

根据以上研究可以得出，软基路堤沉降预测较佳的经验公式模型分别为指数曲线模型和反指数曲线模型。指数曲线模型适用于长期次固结沉降不明显的软基路堤各时段沉降监测数据的回归预测，但是要求回归数据必须包括恒载期以后的数据；对于长期次固结沉降较明显的工况，建议采用反指数曲线回归预测路基的总沉降，回归也必须采用恒载期以后的监测数据。

本文推荐的软基路堤较佳的沉降预测模型适用条件、适用工况及较佳预测时段如表 4.15 所示。

软基路堤沉降预测较佳模型及适用范围　　表 4.15

较 佳 模 型	适 用 条 件	适 用 工 况	较佳预测时段
指数曲线	回归数据包括恒载期以后的	长期沉降不明显的软基路堤	运营前期和长期
反指数曲线	回归数据包括恒载期以后的	长期沉降较明显的软基路堤	后期沉降预测

4.3.3　软基路堤沉降预测 Logistic 曲线模型

指数曲线和反指数曲线作为软基路堤沉降预测较佳模型是存在适用条件的，或者说这两种模型的应用还存在一些局限性，主要表现在两个方面：

①用于回归的监测数据必须包括恒载期以后的数据，否则预测精度较差；

②路基总沉降预测结果偏小，软土次固结作用越强的工况，预测误差也越大。

实际上，几乎所有的经验公式模型都存在这两方面的局限性。为了解决经验公式法面临的这一问题，本节首先分析造成这种局限性的原因，然后根据软基路堤沉降曲线的特点，提出适用于全过程沉降监测数据回归并且能够考虑后期沉降修正的 Logistic 模型。

工程经验表明，软基路堤沉降 s-t 曲线上往往会出现两个拐点。第一个拐点出现在填土高度超过临界高度时，但由于填土进度一般较快，这个拐点往往很难发觉；第二个拐点出现在填土结束时，由于加载的停止，沉降速率开始减小，s-t 曲线上能够看出较为明显的拐点位置。这两个拐点，尤其是第二个拐点是软基路堤沉降曲线重要的特征控制点。

为了研究 Logistic 曲线回归预测软基路堤沉降的效果，分别采用西南某高速公路 K73+000 监测断面 0～250d、0～450d 以及 0～700d 的监测数据分别回归，拟合结果表明：0～250d 数据回归的拐点位置在 180d 附近；0～450d 数据回归拐点位置在 208d 附近；0～700d 数据回归拐点位置在 237d 附近；然而实测 s-t 曲线的拐点位置应当在 450d 左右。由此可见，Logistic 模型在回归过程中没有准确抓住实测沉降曲线拐点的位置。从回归结果来看，由于模型过早地收敛，使得预测的后期沉降偏小。实际上，其他的经验公式模型也只能对回归信息序列的数字规律进行拟合，却不能准确抓住曲线拐点的位置。因此，如何能够让模型找到正确的拐点位置是关键问题。

Logistic 曲线表达式中，a、b 和 k 是三个回归参数，其中 k 具有明确的工程意义，其数值代表了沉降量的大小；a、b 没有明确的工程意义。现在，对曲线拐点横坐标进行换元，令 $T=\frac{\ln\ln a}{b}$，则 $a=e^{bT}$，代入 Logistic 原模型，得到变换后的模型如式(4.54)所示。

$$S_t=\frac{k}{1+e^{b(T-t)}} \tag{4.54}$$

式中：k、b——回归系数；

T——拐点修正系数，工程中可取实测 s-t 曲线拐点出现的时间。

变换后的模型中，原来的参数 a 被新的修正参数 T 取代。T 是 Logistic 曲线拐点的横坐标，根据软基路堤沉降 s-t 曲线特征可知，拐点 T 对应于实测沉降曲线第二个拐点出现的时间，也就是加载结束的时间。所以，只要根据施工期加载进度对 T 进行合理的取值，就可以让 Logistic 模型找到准确的沉降曲线拐点位置。实际应用过程中，当路堤填筑较快或者分级加载时间间隔较短时，可采用整个填土期的时间 T_0 作为拐点 T，填筑间歇期较长的情况可分段考虑拐点的取值。

西南某高速公路表明，经验公式模型考虑软基路堤长期沉降多是从软土次固结角度出发，在模型中添加一个反映次固结分量的项，添加项的理论依据是软土流变的原理。但是，由软基沉降机理可知，路基在任何时候的沉降并不是以一种方式存在，而是三种方式（瞬时沉降、固结沉降、次固结沉降）同时存在，只是某一时段中某种方式占主导地位。所以，后期沉降也应当是固结和次固结作用的合力造成的，采用单纯的流变公式对其进行描述也不完全合理。除此之外，现有的软土流变模型的正确性也饱受争议。对 Logistic 曲线进行回归分析的过程中，发现调整时间因子的指数可以延长后期收敛的进程，同时并不影响曲线拟合的相关性水平。所以，可以将 Logistic 模型中自变量因子 t 的指数修正为 m，修正后的模型表达式如下所示。

①m 修正：

$$S_t = \frac{k}{1 + a\mathrm{e}^{-bt^m}} \tag{4.55}$$

②T、m 修正：

$$S_t = \frac{k}{1 + \mathrm{e}^{b(T-t^m)}} \tag{4.56}$$

式中：m——次固结修正参数（$0 \leqslant m \leqslant 1$）；

其他参数意义同前。

从函数的角度分析，m 修正参数能够对曲线后期收敛形态进行调节。m 越小，收敛过程就越长，也就越适合回归后期沉降较大的情况。对于软土地基而言，m 的较佳取值受路基工况、自然环境、交通荷载等众多复杂因素影响，很难直接建立分析模型进行计算。对于工况差别不大的路段可采用同一取值，因此，可通过反复试算的方法来确定 m 的较佳取值。通过对西南某高速公路软基高路堤段落进行了试算，得出 m 的值为 0.4 是比较合适的。

仍采用西南某高速公路 K73＋000 监测数据进行回归分析，0～450d 的监测数据基本是施工期阶段的，前面的分析发现各模型拟合及预测效果不佳。分别采用拐点修正的 Logistic 模型以及原模型进行回归，拐点修正参数取路堤施工结束时间 $T_0=450\text{d}$。回归方程及沉降预测结果如表 4.16 和表 4.17 所示，回归值与实测值比较如图 4.14 所示。

修正前、后 0～450d 数据回归方程 表 4.16

回归方程		相关指数
未修正	$S_t=\dfrac{36.52}{1+31.97\mathrm{e}^{-0.0190701t}}$	0.997
T 修正	$S_t=\dfrac{49.04}{1+\mathrm{e}^{0.007361(450-t)}}$	0.905

回归方程预测结果　　表 4.17

时间(d)		686	839	1 131	S_∞
实测值(cm)		48.6	49.8	51.5	54.8
未修正	预测值(cm)	36.52	36.52	36.52	36.52
	残差(cm)	−12.08	−13.28	14.68	14.68
	误差(%)	−24.86	−26.67	28.7	26.7
T 修正	预测值(cm)	41.7	46.39	48.72	49.04
	残差(cm)	−6.9	−3.41	−2.78	−5.76
	误差(%)	−14.2	−6.85	−5.4	−10.51

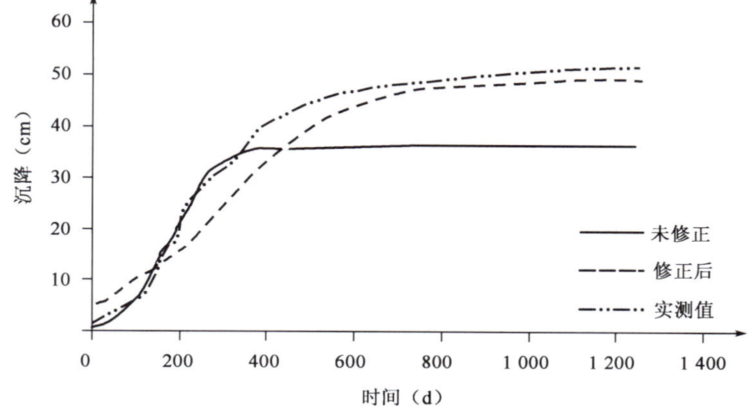

图 4.14　回归值与实测值比较

从回归结果可以看出，未修正的模型只从拟合段数据的变化规律出发(数学上只要求控制好拟合段数据相关性)，但是，却忽略了实测数据本身的拐点位置，所以，不能正确描述沉降曲线的实际变化规律。修正后的模型不仅要考虑拟合段数据相关性(修正模型相关性略逊于未修正模型，但是仍然保持较高水平)，还保证了与实测 *s-t* 曲线实际变化规律的一致性，因而取得了较好的回归效果。从预测的结果来看，修正后的模型预测精度相比于未修正模型有明显提高，预测误差基本都控制在 15%的范围内，其中近期沉降(运营期前一两年内)的预测误差在 7%以内。

为了验证 *m* 修正的 Logistic 模型在运营期软基路堤长期沉降情况下的适用性，采用西南某高速公路 K85+440 断面软基(监测点位于路中原地面处)工后沉降监测数据进行回归，预测工后总沉降。该断面软基较为深厚，填方较高，施工期沉降速率较大，测点处路基稳定沉降期监测数据如表 4.18 所示，实测工后沉降曲线如图 4.15 所示。

分别采用未修正的 Logistic 模型以及 *m* 修正模型进行回归，预测工后总沉降，结果如表 4.19 所示。

通过对 Logistic 曲线的修正以及验证可知，采用拐点 *T* 控制方法修正的模型与未修正模型相比较，能够准确地判断实际沉降曲线拐点位置，回归相关性较好，预测精度有较大的改善，很好地解决了其他经验公式模型对于反弯点以后监测信息的依赖性问题。采用时间因子指数

m 修正的 Logistic 模型回归运营期软基路堤工后沉降监测数据预测工后总沉降精度比未修正模型要高，m 修正参数的存在对曲线通过拐点以后的走势起到了调节作用，很好地适应了软基路堤运营期长期的沉降的预测问题。

K85+440 段稳定期沉降监测数据 表 4.18

时间(d)	29	60	88	119	149	180	210	241	272	302	333	363
沉降值(cm)	1.9	3.2	4.6	5.7	6.9	7.7	8.7	9.8	11.2	11.8	12.6	13.2
时间(d)	421	438	466	510	550	598	656	692	721	759	计算工后沉降 20.48cm	
沉降值(cm)	13.9	14.3	14.9	15.4	15.9	16.7	17.9	18	18.7	18.9		

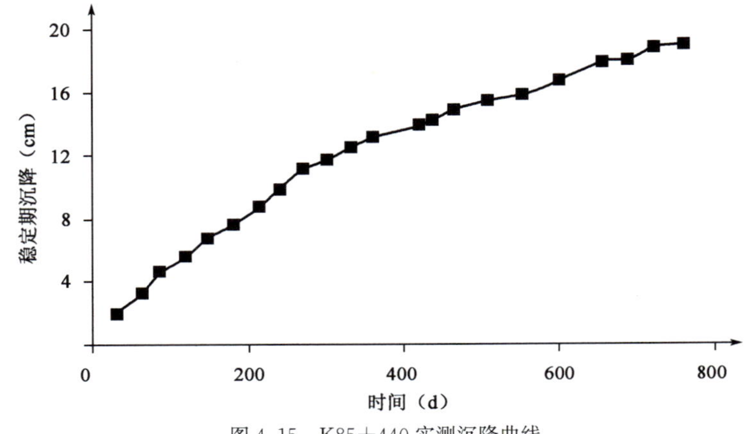

图 4.15 K85+440 实测沉降曲线

模型修正前、后回归及预测结果 表 4.19

回归方程		相关指数	工后沉降预测值(cm)	误差(%)
未修正	$S_t=\frac{16.36}{1+6.073e^{-0.009t}}$	0.962	16.32	−20.3
m 修正	$S_t=\frac{19.28}{1+44.44e^{-0.43t^{0.4}}}$	0.958	19.28	−5.9

注：m 修正参数取值为 0.4；测点计算工后沉降为 20.48cm。

第 5 章 路基安全评价指标与标准

路基安全监测以监测路基变形为主，并且针对典型的工况条件增加温度、湿度、孔隙水压力等监测参数指标。不同工况条件下路基典型安全病害的成因机理各异，监测方法也不相同，需要合理选择评价指标进行路基安全评价，并制定科学的安全评价标准实现路基安全状态判定。

5.1 基于整体稳定性要求的路基安全评价

地基承载力较好的路堤结构，通常只会发生边坡局部失稳破坏，填筑体自身发生过量不协调变形是这类破坏的主要原因。相比于地基及路堤整体失稳破坏而言，局部失稳的破坏范围及危害性相对较小。从机理的角度分析，填筑体边坡的局部破坏应当是路堤自身发生了过量不协调变形所致，当路堤可能发生局部失稳破坏时，路堤自身的不协调变形应当是发展到了较为严重的程度，路面结构性能也早已出现了较为明显的损坏。因此，从控制路面结构性能出发，制定较为严格的路堤不协调变形安全评价指标，也就避免了路堤自身局部失稳破坏的发生。

高路堤失稳的另一种形式是地基连同路堤整体失稳破坏，它容易发生在地基沉降一直不稳定的软基高填方路段，在强降雨和地下水位变化等外界因素的催生下，失稳破坏往往在较短时间内发生，且破坏范围大，对行车安全构成致命威胁。本节主要针对软土地基上高填方路堤整体失稳安全问题，提出相应的安全评价指标及标准。

5.1.1 软基路堤整体失稳破坏模式

软土地基上的高填方路堤失稳破坏模式如图 5.1 所示。软基路堤由于地基承载力不足会导致填方体的一部分向地基内部滑移，同时地表土体出现较大的侧向移动和隆起，最终发生失稳破坏。即将失稳的地基短时间内会出现较大的变形，包括沉降和侧移。尤其是短时间内出现较大的地基侧向水平位移，往往是失稳破坏即将发生的征兆。

与复杂的边(滑)坡工程相比，路基变形失稳的过程具有明显的蠕变特点，即从开始出现变形到最终失稳破坏需要经历初始变形、等速变形和加速变形三个阶段，如图 5.2 所示。软基路堤的整体失稳破坏往往也是首先出现较大的变形，然后在降雨等因素的扰动下迅速发生。路基土进入加速变形阶段是发生失稳的前提和基础，因此，准确判断变形是否进入了加速阶段，是评判路基稳定安全性的关键。

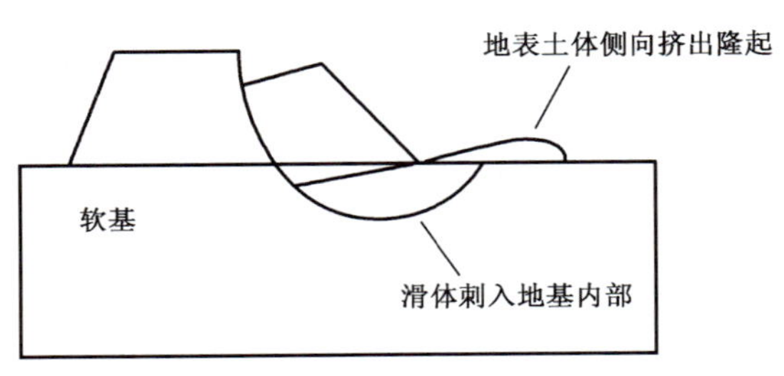

图 5.1 软基路堤失稳破坏模式

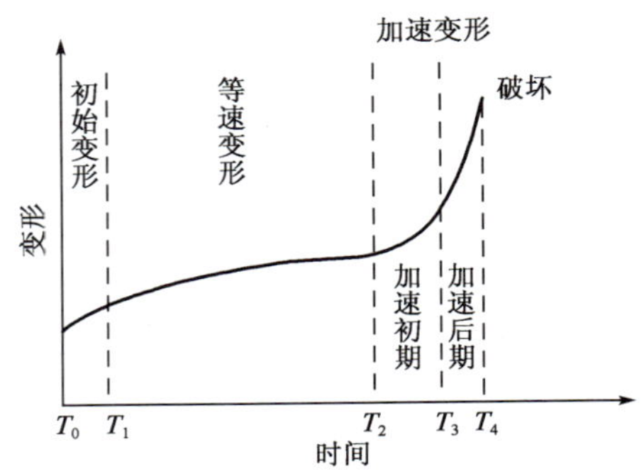

图 5.2 路基土变形三阶段演化示意图

5.1.2 安全评价指标

软基路堤整体失稳临近发生时，地基发生的位移量和位移速率均会急剧增长，地基内的软土明显地向外挤出，从而使沉降—水平位移的关系发生突变。水平位移相对于沉降越大，表明软土的侧向挤出越严重，地基越有失稳的危险；越小则表明地基变形以固结为主，地基稳定性也就越好。根据这一机理，可以制定反映软土地基水平位移速率以及水平位移增量相对于沉降增量变化情况的安全评价指标。

(1)地基位移速率指标

变形速率是最常用的判断路基稳定性的评价指标，也是常见于各类规范的推荐指标。《建筑地基处理技术规范》(JGJ 79—91)中以路中地基沉降速率和坡脚地面水平位移速率作为路堤加载时稳定安全控制指标，并且规定了沉降速率小于 10mm/d、水平位移速率小于 4mm/d 的控制标准。该规范的新版本(JGJ 79—2002)进一步规定：对于竖向排水的地基以沉降速率小于 15mm/d、边桩水平位移小于 5mm/d 进行控制路堤加载稳定安全；对于天然地基以沉降速率小于 10mm/d、边桩水平位移小于 5mm/d 控制路堤加载稳定安全。另外，《公路软土地基设计与施工技术规范》(JTJ 017—96)及《公路路基施工技术规范》(JTJ 033—95)也作了类似的规定：以地基沉降速率小于 10mm/d、水平位移速率小于 5mm/d 作为路堤施工安全的控制指标标准；对砂井或塑料排水板地基，中心地面沉降速率可放宽至 15～20mm/d。

路基安全监测参量中，坡脚处地基水平位移是反映路堤整体稳定性的关键监测参数。因此，本研究提出采用软基路堤坡脚处水平位移速率 v(定义为一昼夜发生的水平位移增量 $\Delta U_{昼夜}$)作为整体稳定安全评价指标。

(2)地基变形安全系数指标

高路堤发生整体失稳破坏之前的另一个征兆是地基水平位移增量相对于沉降增量的变化率增大，原有的线性关系被破坏。以下根据系统响应率理论，提出相应的安全评价指标。

根据系统论原理，非线性系统在广义荷载的作用下将产生相应的响应，且当广义荷载发生变化时，系统响应也会变化。在稳定状态下，广义荷载与响应维持稳定变化关系；而在非稳定状态下，广义荷载和系统响应之间的关系会产生突变，如图 5.3 所示。

当荷载很小时，广义荷载与系统响应基本呈线性关系，系统处于稳定状态；随着荷载不断增加，系统响应逐渐增大；当荷载接近某一临界值 P_{cr}时，响应迅速增加，系统趋于失稳。设广

义荷载增量为 ΔP，相应的响应增量为 ΔR，可定义系统响应率为 X：

$$X = \lim_{\Delta P \to 0} \frac{\Delta R}{\Delta P} \tag{5.1}$$

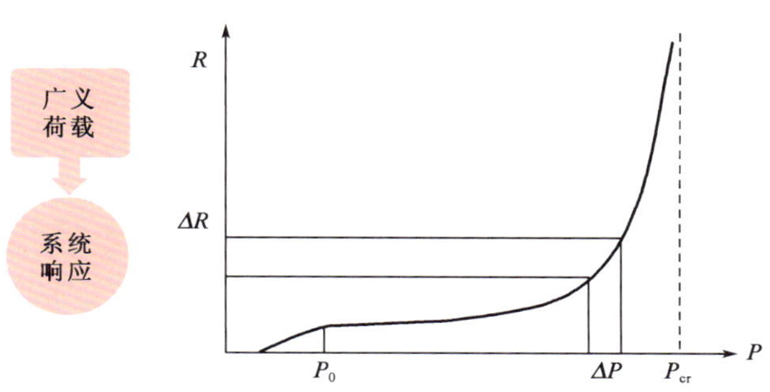

图 5.3　非线性系统广义荷载与响应之间关系

系统失稳时，$X = \lim_{\Delta P \to \Delta P_\sigma} \frac{\Delta R}{\Delta P} \to X_\sigma$；即系统响应率 X 超过一定临界值 X_σ 可作为判定系统发生失稳的判据。

在公路工程中，路基、路面和环境（自然环境及交通荷载）构成了一个复杂的非线性系统，系统中的路基、路面以及环境发生相互作用和影响。对于路基结构而言，很难将环境和路面结构的作用一一列举并且用明确的函数关系式表征出来，即很难计算或描述该系统的广义荷载 ΔP。对软基路堤的整体稳定性而言，最重要的响应量是软基路堤的变形，尤其是软基水平位移量与整体稳定安全有密切关系。软基路堤失稳机理表明，稳定性较好情况下软基水平位移和沉降之间一般表现出一种近似的线性关系；当路堤接近失稳时，软基土体明显地向外挤出，水平位移显著增大，并使原来的沉降与水平位移关系发生突变，水平位移相对于沉降越大，表明土的侧向挤出越严重，失稳的危险性也越大。软基路堤的失稳机理与系统论中非线性系统的失稳机理在本质上是一致的。

基于以上分析，结合系统响应率的理论，可以定义一个表征软基水平位移增量相对于沉降增量变化的指标。

首先，定义系统中广义荷载造成的地基沉降（S）的响应率为 X_S，即：

$$X_S = \lim_{\Delta P \to 0} \frac{\Delta S}{\Delta P} \tag{5.2}$$

然后，定义系统中同一时间段广义荷载造成软基水平位移（S_X）的响应率为 X_{S_X}，即：

$$X_{S_X} = \lim_{\Delta P \to 0} \frac{\Delta S_X}{\Delta P} \tag{5.3}$$

将以上两个响应率的比值定义为地基变形安全系数 θ，即：

$$\theta = \frac{X_{S_X}}{X_S} = \lim_{\Delta P \to 0} \frac{\Delta P}{\Delta S} \times \frac{\Delta S_X}{\Delta P} = \lim_{\Delta P \to 0} \frac{\Delta S_X}{\Delta S} \tag{5.4}$$

通过 θ 的表达式可以看出，变形安全系数是指一段时间内广义荷载发生变化所造成的软基路堤水平位移增量与地基沉降增量的比值，当 $\Delta P \to 0$ 时，可以得到某一时刻变形安全系数的理论值。工程应用中并不需要严格计算出 θ 的理论值，只需要计算一段时间 Δt 内的水平位移增量与沉降增量的比值，得到变形安全系数的平均值即可，所取的 Δt 越小，得到的变形安全系数平均值就越能准确反映每个时刻瞬时值的实际变化规律。

运营期的路基安全监测中，Δt 是相邻两次采集数据的时间间隔，取决于数据采集频率。当工程条件受限而只能采用人工方式采集数据时，只要能根据实际需要制定合理的数据采集频率，就可以计算地基变形安全系数对路堤整体稳定安全进行评价。因此，和变形速率指标相比，变形安全系数对于监测频率的要求更低，可以适用于任何形式的监测方式。

5.1.3 安全评判标准

软基路堤的整体稳定性影响因素复杂，其发生、发展过程受诸多因素影响，表现出来的特征也因工程条件的不同而不同。软土地基规范中推荐采用变形速率指标控制软基路堤稳定性，该指标在施工期监测中经过长期应用和检验，被证明是一种可靠的软基路堤稳定安全评价指标。另一方面，地基变形安全系数反映了地基沉降和水平位移之间的关系，从另一个角度揭示了软基路堤稳定安全特征，因此也应当作为稳定安全评价指标。综上所述，运营期路基稳定安全采用双指标进行监控和评价，只要有一个指标超过安全控制标准，路基即处于不安全状态。

(1)地基位移速率安全评判标准

地基及路堤在整体失稳破坏前，坡脚处水平位移速率受到地基性质、路堤高度、滑动面范围以及诱发条件等多方面因素的影响，不同工况条件下路堤失稳前地基位移速率存在较大差别，所以，很难针对每一个典型的监测工程都确定一个唯一的失稳变形速率的阈值。

因此，建议采用规范中规定的软基路堤施工期地基水平位移速率控制标准作为运营期坡脚地基水平位移速率指标 v 的安全评判标准。规定运营期软基路堤坡脚处水平位移在一昼夜内发生的增量值 $\Delta U_{昼夜}<5$mm 时，判定路堤处于整体稳定安全状态；当 $\Delta U_{昼夜}\geqslant 5$mm 时，判定为整体稳定不安全状态。

(2)地基变形安全系数评判标准

地基变形安全系数指标 θ 反映了一段时间内软基发生的侧向位移增量相对于沉降增量的变化情况，是评价软基路堤整体稳定安全的重要指标。当 θ 处于较低的水平(或者接近于 0)时，路堤处于稳定安全状态；而 θ 不断增大时，表征稳定性趋于恶化。可以设定一个警戒值标准 θ_m，当 $\theta\geqslant\theta_m$ 时，即可判定软基路堤处于失稳临界状态，此时应当结合坡脚地基水平位移速率指标对路堤失稳破坏进行预警。

有文献介绍曾经采用小尺寸离心模型试验对软基路堤失稳临界状态下 θ_m 的取值进行了研究。试验采用了四组反映不同工况条件的软基路堤模型，试验结果显示：①路堤的最大沉降均发生在路中位置，在坡脚外接近地表处的沉降量最小，路堤的水平位移最大出现在坡脚处；②四组模型中有三组发生破坏，发生破坏的三组模型坡脚水平位移与路中沉降比值均在 30%以上(分别为 30%、32%及 37%)，而第四组未破坏模型的比值为 19%。根据该离心试验的结果，推荐采用 $\theta_m=0.3$ 作为软基路堤整体稳定安全控制标准。

除了以上研究结论，结合一些软基路堤工程填土过程中的变形监测数据，讨论和分析 θ_m 的合理取值，如表 5.1 所示。从表中可以看出，黄黄公路 K33+096 段两处路堤在填筑过程中发生失稳破坏，其 S_{xm}/S_m 指标分别达到 0.425 及 0.312，均超过了 0.3 的安全控制标准；稳定

性较好的路段 S_{xm}/S_m 均在 0.3 以内。所以，采用 $\theta_m=0.3$ 作为地基变形安全系数指标的安全评价标准是比较合理的。

典型工程监测资料计算指标　　表 5.1

工程	桩号	填高 (m)	路中沉降 S_m (cm)	坡脚水平位移 S_{xm} (cm)	最大沉降速率 (mm/d)	最大水平位移速率 (mm/d)	$\frac{S_{xm}}{S_m}$ (%)	备　注
广佛公路	K8+110	7.10	93	23	7.8	4.2	24.7	砂井，路基稳定
宜黄公路	K136+400	5.43	121.8	22	11.3	3.17	18.1	塑料板，路基稳定
黄黄公路	K8+135	4.62	79.1	12.9	8.0	2.0	16.3	塑料板，路基稳定
	K29+200	7.20	111.0	18.9	12.0	5.0	17.0	塑料板，路基稳定
	K33+096	5.81	49.6	21.1	16.5	8.2	42.5	塑料板，路基滑塌
		6.94	87.7	27.4			31.2	
黄九公路	K22+600	3.05	18.2	4.1	5.0	0.81	22.5	塑料板，路基稳定

综上所述，提出运营期软基高填方路堤变形安全系数评价指标 θ 的安全评价标准为 $\theta_m=0.3$。当 $\theta<0.3$ 时，软基高路堤处于整体稳定安全状态；当 $\theta\geq0.3$ 时，软基高路堤整体稳定处于不安全状态。

5.2　基于路面使用性能要求的路基安全评价

半刚性基层沥青路面是我国高等级公路普遍采用的路面结构形式。通常认为，沥青路面结构性能的损坏模式主要有三类：疲劳开裂、车辙（永久变形）和低温开裂。这三种损坏模式均是针对路面结构或材料而言的，前提是路基结构整体稳定且不协调变形较小。然而，实际工程中出现的很多路面病害是由于路基在运营过程中发生了超过一定限度的不协调变形所造成的。因此，关于“路面使用性能损坏”仅是指由于路基不协调变形所引起的路面损坏。

路基在运营期出现较大的工后沉降往往是造成路基顶面出现过量不均匀沉降变形的原因之一。路基顶面的不均匀沉降则是导致路面结构出现开裂、沉陷等安全病害（在桥头位置则表现为跳车安全病害）的直接原因。本节根据典型安全病害的破坏模式，提出反映运营期路基工后沉降和堤顶不均匀沉降变形的安全评价指标；进一步结合病害路段沉降调研分析的结论以及有限元理论推导的结果，制定合理的安全评价标准。

5.2.1　路面使用性能损坏模式

路基出现过量不协调变形造成的路面使用性能损坏模式主要分为路面弯拉开裂、路面脱空以及桥头部位的错台。

（1）路面弯拉开裂

路面底面弯拉开裂模式如图 5.4 所示。一般路堤顶面形成下凹形不协调变形，从而在基层底面产生附加弯拉应力，当该附加应力和行车荷载在基层底面产生的荷载应力叠加后超过基层弯拉强度时，即造成基层底面的拉裂。该损害模式常见于高路堤、软基路堤、填挖交界路堤等路段。当路基顶面的沉降形态一般为盆状曲线时，在行车荷载反复作用下，常出现平行于路基纵轴线的路面纵向开裂；在填挖交界路段，沉降形态为“～”形，则路面纵向开裂容易出现在交界处的填方体一侧。

(2)桥头错台

错台产生于路桥接合部，常见于未设置桥头搭板的路段，如图 5.5 所示。由于桥台与台后路基在结构上的差异使得在路桥接合处产生沉降差异，形成纵坡线形的突变。错台的存在使得车辆在上桥和下桥的过程中产生颠簸，严重影响行车舒适性，也不利于交通安全。

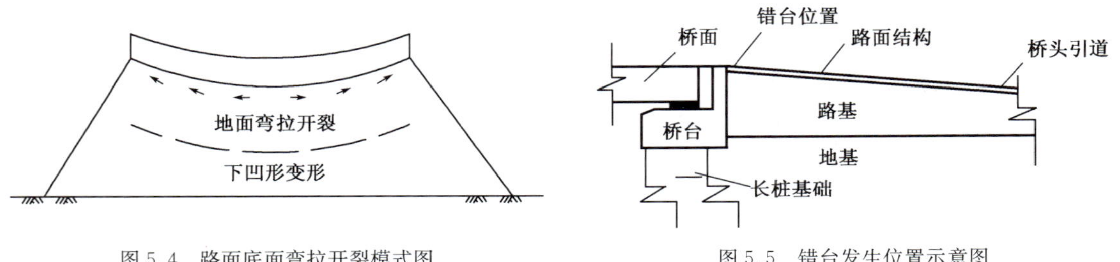

图 5.4　路面底面弯拉开裂模式图

图 5.5　错台发生位置示意图

5.2.2　安全评价指标

路基在运营期发生过大的工后沉降会引起路基顶面出现过量不均匀沉降变形，从而造成各种路面结构使用性能的损坏。因此，路基工后沉降量可以作为反映运营期路面结构使用性能的重要安全评价指标。另外，根据路基工况的不同，还必须制定能够直接反映路基变形不协调性的安全评价指标。

(1)地基工后沉降量指标

路基土由于加载及固结作用，在施工期和运营期都发生沉降，通常把发生于公路竣工以后的路基沉降称作工后(残余)沉降。工后沉降是造成运营期路基不协调变形的重要原因，也是路基安全监测的重点内容。运营期路基安全监测技术要求对路基沉降的监测应当开始于路基施工之时，并且一直延续至运营期，其中，运营期的前两年是地基工后沉降安全监测的重要周期。

目前，各种行业规范中所指的容许工后沉降值通常是指在使用年限内容许发生的工后沉降总量，这个使用年限一般取高等级公路路面的使用年限。而本书中所提的工后沉降则泛指运营期任意时刻路基发生的工后沉降 S_t。根据安全病害调研及实测数据分析的结论可知，运营期的前两年是工后沉降发展的重要时期，也是路面开裂、沉陷等早期安全病害高发期。因此，本书提出采用运营期前两年的工后沉降量 S_2 作为运营期路基安全评价指标。

(2)路基不均匀沉降指标

研究发现，均匀的路基沉降并不会对路面结构造成破坏，大量路面病害的形成与路基顶面不均匀沉降变形有密切关系，所以，必须提出能够反映路基顶面沉降变形不均匀性的安全评价指标。能够表征路基沉降不均匀性的指标主要有差异沉降量指标和沉降坡差指标(变坡率)。变坡率是反映两点间沉降前后坡度变化的指标(图 5.6)，相比于差异沉降量指标，变坡率能准确反映单位距离内沉降变形的不均匀性，因此，本书采用路基顶面变坡率 $\Delta\delta_{ij}$ 作为反映路基顶面不协调变形的路基安全评价指标，变坡率的计算如式(5.5)所示。

$$\Delta\delta_{ij}=\frac{|S_i-S_j|}{L_{ij}} \tag{5.5}$$

式中：$\Delta\delta_{ij}$——差异沉降引起的路面 i、j 两点间的坡差；

S_i——路面 i 点工后沉降；

S_j——路面 j 点工后沉降；

L_{ij}——i、j 两点间的水平距离。

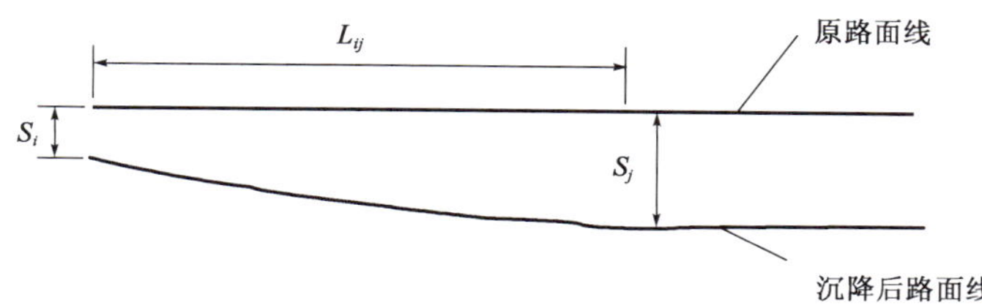

图 5.6　“变坡率”计算示意图

在不同的路基工况条件下，变坡率安全评价指标既可以描述横向不均匀沉降，也可以描述纵向不均匀沉降。一般高路堤、软基路堤发生盆状不均匀沉降变形，堤顶变坡率指标表征从路中到路边横向范围内的沉降坡差；对于填挖交界路堤而言，不均匀沉降主要发生在填方一侧，堤顶变坡率指标是表征路边至填挖交界处的沉降坡差；在桥头引道路段，堤顶变坡率指标则表征引道段纵向沉降坡差，应根据沉降监测点的位置进行计算。

错台是路桥接合处路基不协调变形的典型表现形式，针对这一典型位置所发生的安全病害，本书提出错台量指标 $\Delta S_{错台}$ 作为路基安全评价指标。$\Delta S_{错台}$ 表征路桥接合处路基土与桥台的沉降量差。

低填浅挖路基由于强度衰减和交通荷载的反复作用，在路基顶面会出现局部永久残余变形，永久变形会在半刚性基层底面造成脱空，从而造成路面疲劳开裂安全病害。本文针对该类安全病害，提出采用基层底面最大脱空量 $\Delta S_{脱空}$ 作为安全评价指标，它表征半刚性基层底面局部范围内所产生的最大差异沉降。

5.2.3　安全评判标准

(1)工后沉降量指标安全评判标准

软基路堤的工后沉降一方面与整体稳定有关，另一方面也与堤顶不均匀沉降和路面结构性能相关。研究表明，工后沉降越大，路堤顶面的不均匀沉降也越大。《公路路基设计规范》(JTG D30—2004)和《公路路基施工技术规范》(JTG F10—2006)中对软基路堤在整个运营期容许发生的工后沉降作了明确规定：不同公路等级及不同工况条件下路面设计使用年限(沥青路面 15 年)内的残余沉降(简称工后沉降)应当满足表 5.2 的要求。

表 5.2 所示的安全控制标准是针对整个路面使用年限而言的。根据西南某高速公路路基安全病害实测沉降数据分析的结论可知，早期病害发生时路基工后沉降远没有超过规范规定的标准。该高速公路八个安全病害路段在运营两年的工后沉降量的范围在 3.61～12.16cm 之间(平均值为 6.85cm)，预估工后总沉降范围在 4.07～14.93cm 之间(平均值为 8.2cm)。病

害调研的另一条高速公路也发现了类似的情况。各监测断面在运营前两年工后沉降量在3.37～14.74cm之间，平均值为6.65cm；预估工后总沉降范围在6.32～21.28cm之间，平均值为10.84，并没有超过规范的标准。但是，监测的路段依旧出现了不同程度的路面沉陷、开裂等早期路基安全病害。

容许工后沉降　　表5.2

道路等级	工程位置		
	桥台与路堤相邻处	涵洞、通道处	一般路段
高速公路、一级公路	≤0.10m	≤0.20m	≤0.30m
二级公路	≤0.20m	≤0.30m	≤0.50m

综上所述，在严格执行规范要求的基础上，还必须对工后沉降量安全评价指标制定针对运营期前两年的更严格的评判标准，研究提出运营期前两年工后沉降量指标的安全评价标准如下：

①运营期第二年的工后沉降量小于7cm时，评价为路基安全状态，即：$S_2 \leqslant 7\text{cm}$。

②路桥接合部工后沉降量安全评价指标可以制定类似的近期（前两年）评判标准，即：$S_{桥2} \leqslant 2\text{cm}$。

（2）路基顶面变坡率指标安全评判标准

为了保证良好的路面使用性能，必须从路面结构要求、行车舒适性要求和路面功能要求三个方面进行控制，提出路基顶面变坡率指标的安全评判标准。

查阅相关规范可知，基于路面功能要求，公路工程对于路基顶面的变坡率要求并不十分严格。《公路工程技术标准》要求不同公路等级之间纵坡差值为1%，公路排水要求横坡差为1%。路面平整度要求的路基顶面变坡率，在公路工程中并没有明确的控制标准，《民用航空运输机场飞行区技术标准》对机场到面工程进行了规定：对新道面平整度，直尺与表面间隙不得大于3mm，对已使用的道面，直尺与表面间隙应不大于10mm，并且不积水。参照这个要求，在道面使用期间，平整度要求的沉降坡差为：(10－3)÷(3 000÷2)≈0.46%。

在行车荷载的作用下，路基顶面的不均匀沉降变形会造成半刚性基层沥青路面结构出现不良的力学响应，从而在路面结构内部产生附加应力。附加应力在面层均表现为压应力，在基层底面均表现为弯拉应力；其中，面层所受到的压应力最大，但由于通常路面结构中的面层材料具有较好的柔性，容许有较大的变形，而不至于造成路面结构的损坏，因此，路面结构层损坏主要由半刚性基层材料的强度控制。通常基层的抗拉强度并不高，荷载应力与路基顶面不协调变形产生的附加应力叠加，就有可能超过基层的抗拉强度，从而使基层开裂。另外，不均匀沉降在桥头引道路段引发路面沉陷还会影响行车舒适性。本节首先以半刚性基层底面弯拉开裂和行车舒适性为控制状态确定变坡率指标的安全评判标准；然后充分总结和分析已有的研究成果，提出适用于运营期不同时段的安全评判标准。

①变坡率评判标准的理论推导。

以“盆状”变形与行车荷载耦合作用的路面破坏模式，采用行车荷载产生的弯拉应力、不均匀沉降变形产生的附加应力之和超过基层的抗拉强度作为破坏控制状态计算临界状态下堤顶变坡率的大小，其中，半刚性基层的抗弯拉强度按0.45MPa计。当路基不协调变形量由

1～5cm变化时，路基不协调变形对基层附加弯拉应力的影响如表 5.3 所示。从表中可以看出，随着不协调变形量的增加，基层底部的最大弯拉应力增加。

路基不协调变形对基层附加弯拉应力的影响表　　表 5.3

不协调变形量(cm)	1	2	3	4	5
上基层(MPa)	0.058	0.119	0.173	0.235	0.302
底基层(MPa)	0.067	0.133	0.204	0.277	0.331

当路基不协调变形量由 1～5cm 变化时，即路基顶面的变坡率由 0.1%～0.5%变化时，基层底面的最大附加弯拉应力随变坡率的大小关系如图 5.7 所示。

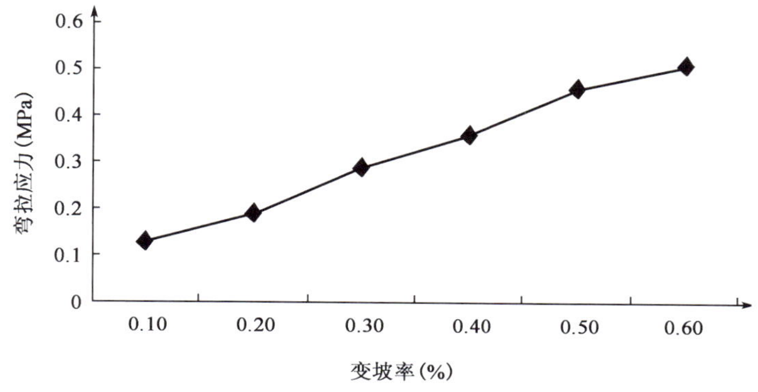

图 5.7　基层底面附加弯拉应力与变坡率的关系图

当考虑行车荷载与路基不协调变形的耦合作用，顶面的变坡率在 0.5%左右时，基层的附加弯拉应力接近基层的抗弯拉强度 0.45MPa，基层底部开始拉裂。因此，以盆状变形造成路面弯拉开裂为控制状态的路基顶面变坡率指标安全评判标准应当取 0.5%。采用以上方法分别计算出"～"形不均匀沉降造成的弯拉开裂为控制状态的变坡率标准为 5.3%。

堤顶不均匀沉降除了会导致路面开裂以外，还会引起路面的纵向波浪式变形，影响行车舒适性，这种情况较为容易出现在桥头引道路段。根据相关文献的研究可知，驾乘人员舒适度与道路纵向沉降坡差的关系主要以车辆行驶时产生的竖向加速度进行描述和表征，人机动力学的相关研究表明竖向加速度与纵坡差存在如下关系：

$$a_z = \frac{v^2 \times \alpha}{26 \times T} \tag{5.6}$$

式中：a_z——竖向加速度，m/s^2；

α——道路纵坡最大坡差；

v——车速，km/h；

T——车身长度，m。

当竖向加速度达到 0.25～0.30m/s^2 时，人会感到不适。由于汽车悬架的减振缓冲作用，驾驶员在行驶过程中感到的竖向加速度仅仅是由线形突变产生的加速度的一部分，所以当驾乘人员有明显的"跳车感"时，纵坡差产生的竖向加速度应该大于 0.25～0.30m/s^2。为此，参考西南交通大学机械工程学院杜子学副教授在"微型汽车乘坐舒适性综合评价研究"课题中加速度与振动舒适度关系的主观评价试验结果(表 5.4)，认为当纵坡线形变化导致车辆产生的附加竖向加速度大于 0.48m/s² 时，由于车辆的减振缓冲作用，驾乘人员将感到大于0.277m/s² 的竖向加速度，该临界加速度可以作为有“跳车感”的控制状态，并且以此控制状态推导出不同车速条件下道路纵向变坡率的允许取值标准，如表 5.5 所示。

加速度与振动舒适度关系表 表 5.4

人的主观感觉	没有不舒适	稍有不舒适	有些不舒适	不舒适	很不舒适	极不舒适
加权加速度值（m/s^2）	<0.315	0.315～0.630	0.500～1.000	0.800～1.600	1.250～2.500	>2.000
平均加权加速度值（m/s^2）	<0.315	0.48	0.74	1.15	1.83	2

“马鞍形”桥头引道路段不均匀沉降控制标准 表 5.5

行车速度（km/h）	140	120	100	80	60	40
纵坡最大坡差允许值（‰）	4.0	5.0	7.5	11.5	21.0	47.0

由于大多数车辆的实际行驶速度一般不会超过 120km/h，因此，将路基顶面纵向变坡率指标控制在 0.5%以内时，可以满足行驶舒适性的要求。

②文献中变坡率标准的研究结论。

运营期基于路面使用性能要求的路基顶面允许变坡率的研究一直是路基工程研究中的热点，以下将一些有代表性的研究成果进行汇总比较，如表 5.6 所示。

变坡率标准研究结论汇总比较 表 5.6

盆状不均匀沉降变形变坡率标准	
周虎鑫、陈荣生（1996）从公路路面功能性指标、结构性指标两方面分析了软基上修筑高等级公路路面容许不均匀沉降指标	将 0.4%的沉降坡差作为不均匀沉降的控制标准
何兆益、周虎鑫（1996）提出地基不均匀沉降对路面结构产生附加应力的分析模型，并采用“平面八节点等参元”分析不均匀沉降对路面响应的影响，提出软基不均匀沉降的指标容许值	软基工后不均匀沉降控制标准为：容许坡差不超过 0.4%
郑悦锋等（2005）采用有限元分析方法，研究了路面结构对填浜区路基不协调变形的力学响应，建立了控制路基不协调变形的指标和标准	容许变坡率为 0.42%
裴建中（2006）结合新路基施工技术规范关于高路堤部分的研究与修订，提出高路堤稳定控制技术，并提出沉降标准建议值	理论分析和统计分析中关于不均匀相对沉降，从路面破坏的角度，沥青路面宜为 0.3%～0.5%

续上表

拓宽工程中变坡率标准	
汪浩(2003)通过分析高速公路拓宽工程中不均匀沉降对半刚性基层路面结构的影响	认为路面结构性能容许的不均匀沉降坡比为0.4%,路面功能性能要求容许的不均匀沉降的坡比为0.15%
刘汉清等(2004)对一条二级公路拓宽工程进行了计算	认为0.3%的沉降坡差是容许的
王斌(2004)	纵横坡度改变量应小于0.5%,以此作为拓宽工程的沉降控制标准
章定文(2004)分析软基上高速公路拓宽工程中半刚性基层沥青路面容许的差异沉降	认为0.4%的坡差对于路面结构性能和功能性能均合适
胡锋(2004)针对改建公路国道220郑州东段,通过有限元分析不均匀沉降引起的附加应力,进一步确定控制标准	建议采用不均匀沉降坡差0.4%来指导公路拓宽改建工程和进行地基处理
曾国东等(2004)对一条二级公路加宽工程进行了计算	认为容许沉降坡差为0.25%
聂鹏等(2005)对沈大高速公路拓宽工程典型断面,采用三维有限元方法,计算分析多种不同脱空深度的路面结构力学分析	认为不均匀沉降坡比不大于0.4%时,沥青路面不产生结构性破坏
张军辉(2006)从路面功能要求和结构要求分析了拓宽工程路面结构的容许差异沉降控制标准	拓宽施工期老路容许差异沉降标准为0.25%(老路中心与老路肩的沉降差);拓宽工后新路容许差异沉降标准为0.20%(新路肩与最大沉降点差异沉降)
翁效林(2009)针对拓宽路面结构层底抛物线脱空模式进行力学响应分析	将不均匀横坡改变率不超过0.26%作为新老路基不均匀沉降的控制标准
河海大学(2003)沪宁高速公路拓宽工程试验端地基处理中期报告	拼接路基施工后,原高速公路路堤中心与新路肩的横坡度增大值应小于0.5%
锡澄与沪宁高速公路拓宽段设计要求	拼接段路堤施工引起的横坡改变值小于0.5%
扬州西北绕城—京沪拓宽工程	路面结构性能容许的不均匀沉降坡比为0.4%,路面功能性能要求容许的不均匀沉降的坡比为0.15%
填挖交界工程中变坡率标准	
刘怀相(2007)针对宛坪高速公路半填半挖路基,通过有限元计算,分析路基不协调变形的控制标准	以材料极限抗拉强度为标准,变坡率为0.56%作为高限;考虑沥青路面材料的疲劳衰减,以填方变坡率0.28%作为控制标准低限,对路基不协调变形进行分级,共分为轻微、低、中、高4个级别
高志伟(2009)以保阜高速公路典型的填挖交界断面为例,计算分析山区高速公路差异沉降控制标准	只考虑路面结构材料的抗拉破坏能力时,以横向变坡率0.58%作为差异沉降控制标准;只考虑沥青路面材料的疲劳衰减性能时,以横向变坡率0.23%作为差异沉降控制标准

③运营期不同时段变坡率分级安全评判标准。

综合以上分析,不同工况、不同控制状态条件下的变坡率标准的合理取值范围基本在0.1%～1%之间。即便是针对同一种工程条件,甚至计算出的沉降量也相同,不同学者采用不同的计算模型得到的结果也有差异。所以,对一个具体的监测工程而言,很难提出一个绝对合理的安全评判标准。实际上,采用一个具体的变坡率标准去评价整个运营期内路面使用性能并没有实际的意义。这是因为,在没有养护的前提下路基强度和各方面性能总是随着时间的推移逐步衰退的，这是无法改变的自然规律。如果制定一个较为严格的评价标准，在运营期的前期可能较为适用，但是，同样的标准在运营期的后期则有可能显得较为苛刻，也不符合经济性的原则。

路基顶面的不均匀沉降变形对路面适用性能的影响不是一蹴而就的，而是随着差异沉降的不断发展逐步积累和显现出来的。另外，公路工程在运营期的不同时段对路面性能的要求也不一样。相对而言，在运营期的前期对于路面结构性能要求较为严格，不允许出现开裂、沉陷等病害，并要求一定的行车舒适性，但是在运营期的中后期，则应当适当放宽标准。因此，本书提出首先将变坡率标准的取值范围进行分级，然后在运营期不同时段采用不同级别的变坡率指标安全评判标准。

根据前面的结论，以路面开裂为控制状态的变坡率控制标准取值为0.4%～0.6%；以舒适性为控制状态的标准为0.6%～1%；而路面基本功能性要求控制状态下的变坡率标准为1%，是公路工程规范中提出的最基本的要求。所以，可以将变坡率合理取值标准划分为三个区间，提出如表5.7所示的分级标准。

变坡率分级标准　　表5.7

分　级	一　级	二　级	三　级
变坡率控制标准	$\Delta\delta \leqslant 0.4\%$	$\Delta\delta \leqslant 0.6\%$	$\Delta\delta \leqslant 1\%$
路面使用性能要求	不允许路面开裂、沉陷； 要求较好的行车舒适性	允许少量路面开裂、沉陷	仅作基本功能性要求

高速公路沥青路面的使用寿命为15年，将运营期路面全寿命按照每5年划分为三个时间段，分别采用不同级别的变坡率指标安全评判标准，即：

a.运营期前5年内 $\Delta\delta \leqslant 0.4\%$，评价为安全状态；

b.运营期5～10年内 $\Delta\delta \leqslant 0.6\%$，评价为安全状态；

c.运营超过10年以后，要求 $\Delta\delta \leqslant 1\%$，评价为安全状态。

(3)桥头错台量指标安全评判标准

错台的存在使得过往车辆在该处产生颠簸，影响行车安全和舒适性。同济大学与上海市公路署合作科研项目《高等级道路桥头引道沉降处理决策辅助研究》中采用主观评价试验的方式推导出不同车速条件下基于行驶舒适性考虑的最大允许错台量，如表5.8所示。研究结果表明，车速在60～100km/h范围，“错台高度”小于1.5cm时，对车辆行驶速度无明显影响；“错台高度”在1.5～3.5cm之间时，车辆行驶速度受到一定影响，同时产生较明显颠簸；“错台高度”达到3.5～5.0cm时，车速将明显降低，同时产生明显颠簸；“错台高度”大于5.0cm时，则不仅减速与颠簸现象更明显，且驾驶员在行驶时速超过80km/h时，开始有掌握方向困难的感觉，将对行车安全造成一定威胁。

高速公路上绝大多数车辆的实际行驶速度都在60～100km/h之间。根据以上研究的结果可知，这一车速区间条件下错台量小于1cm，一般不会产生任何不适的颠簸感；错台量在1～3cm时，产生较小的颠簸感；错台量在3～5cm时，颠簸感较为强烈；而当错台量超过5cm时，产生的颠簸可能影响行车安全。因此，研究建议运营期的错台量安全评价标准如下：

①运营期5年以内，桥头错台量指标 $\Delta S_{错台} \leqslant 1$cm 为安全状态；

②运营期5年以后，桥头错台量指标 $\Delta S_{错台} \leqslant 3$cm 为安全状态。

"错台形"桥头引道沉降判定标准　　表5.8

车速(km/h)	错台高度(mm)	
	上　行	下　行
40	29	31
60	21	23
80	15	17
100	11	12

5.3　季冻区路基冻胀安全评价

寒区道路冻胀是普遍存在的现象，路基产生的冻胀使路面发生变形，导致路面材料内产生弯拉应变，当应变超过材料容许应变时，路面出现弯拉开裂破坏。本节依据路基冻胀条件下路基路面结构响应机理，提出相应的评价指标和标准。

5.3.1　冻胀路基路面结构力学响应

路基路面三维冻胀图见图5.8。由图可看出路基产生的冻胀是不均匀的，路面在不均匀冻胀力作用下形成了一个挠曲的板，板内产生应力和应变，当应变超过路面材料容许应变时，路面产生纵向开裂。

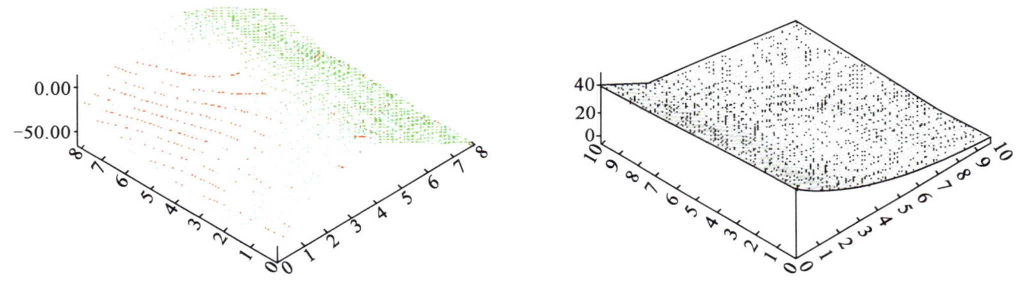

图5.8　路基路面三维冻胀图

为了计算在不同冻胀值下路面材料产生的应变值，取横向1m宽的路面，把它简化成简支梁，建立数学模型，计算在竖向冻胀力作用下产生的应力和应变(图5.9)。

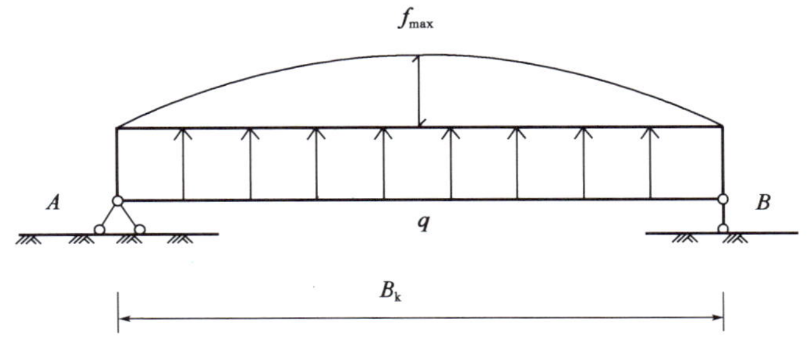

图5.9　计算模型示意图

简支梁在均布荷载下的应力和挠度计算公式：

$$\sigma = \frac{3qB_{\mathrm{k}}^2}{4bH_i^2} \tag{5.7}$$

$$f = \frac{5qB_{\mathrm{k}}^4}{32EbH_i^3} \tag{5.8}$$

其中：$\sigma = E\varepsilon$；$f = \varepsilon\eta$

$$\varepsilon = \frac{24H_i}{5B_{\mathrm{k}}^2} z\eta \tag{5.9}$$

路面材料的不均匀冻胀应变与路面厚度、路面宽度有关，并且应该小于路面材料的容许应变值$[\varepsilon_{\mathrm{R}}]$。

$$\varepsilon_j = \frac{24H_i}{5B_{\mathrm{k}}^2} z_j\eta \leqslant [\varepsilon_{\mathrm{R}}] \tag{5.10}$$

$$[\varepsilon_{\mathrm{R}}] = \frac{\varepsilon_s}{K} \tag{5.11}$$

式中：ε_j——冻胀产生的应变，%；

B_{k}——路面计算宽度，m；高速公路、一级公路取半幅，多车道最大取 12m，二级公路取全宽；

H_i——路面设计厚度，m；

K——路面材料安全系数，一般取 1.05～1.1；

z_j——路基计算冻胀值，m；

η——路面不均匀冻胀系数，高速公路、一级公路 0.2，二级公路 0.15；

ε_s——路面基层材料弯曲拉应变，通过小梁或中梁弯曲试验确定，其值不应小于 220～200μ。

对于半刚性基层沥青路面进行基层材料冻胀力作用下产生的拉应变验算表明。路面材料产生的拉应变必须小于材料的容许应变值，否则路面出现冻胀开裂。以某条一级公路为例，路面宽度 $B_{\mathrm{k}}=10.25\mathrm{m}$，路面厚度 $H_i=0.62\mathrm{m}$，基层采用水稳碎石$[\varepsilon_{\mathrm{R}}]=\frac{210\mu}{11}=191\mu$，则不均匀冻胀 $z_j\eta=0.0067\mathrm{m}=6.7\mathrm{mm}$，根据验算结果，半刚性基层沥青路面允许的不均匀冻胀值：高速公路、一级公路为 4～6mm，二级公路为 6～8mm 为宜。另外，在路基冻胀融沉循环作用下，路基强度会发生衰减现象引起平整度变化，抑制路面纵向裂缝和控制平整度也必须提出路基总冻胀量指标。

道路冬季产生的冻胀量取决于路基土中水分积聚成冰的多少，而聚冰量取决于冻深和冻结速率、结构的湿度条件以及路基距原地面的填筑高度和距地下水位的距离、土的性质和压实度、冻胀性材料的厚度及其热物理学性质等因素。如果道路结构在冻结过程中，行车道的总抬高量不超过一定冻胀量值，则冬季的冻胀对路面的不平整度和道路结构的耐久性不产生实质的影响。表 5.9 所示是不同等级公路半刚性基层沥青路面和水泥混凝土路面允许的最大冻胀值。

不同等级公路路面容许冻胀量 表 5.9

道路等级	高速公路、一级公路		二级及以下公路	
路面类型	沥青路面	水泥混凝土路面	沥青路面	水泥混凝土路面
容许冻胀量(cm)	4	2	5	3

5.3.2 路基冻胀安全评价指标及标准

根据以上分析，冻胀变形安全评价指标应该反映路基顶面不均匀冻胀造成的开裂和路面不平整，并且认为路基路面为连续结构体，融沉变形评价标准与冻胀相同，因此，可采用路基顶面容许冻胀（融沉）量 $S_{冻(融)}$ 及不均匀冻胀（融沉）量 $\Delta S_{冻(融)}$ 作为评价指标。制定如下评价标准。

(1)对于高速公路、一级公路冻胀安全评价标准

沥青混凝土路面：$\Delta S_{冻(融)} \leqslant 6\text{mm}$；$S_{冻(融)} \leqslant 4\text{cm}$；水泥混凝土路面：$\Delta S_{冻(融)} \leqslant 3\text{mm}$；$S_{冻(融)} \leqslant 2\text{cm}$。

(2)其他道路冻胀安全评价标准

沥青混凝土路面：$\Delta S_{冻(融)} \leqslant 8\text{mm}$；$S_{冻(融)} \leqslant 6\text{cm}$；水泥混凝土路面：$\Delta S_{冻(融)} \leqslant 4\text{mm}$；$S_{冻(融)} \leqslant 3\text{cm}$。

第 6 章　路基安全评价预警及养护管理

安全预警在我国交通、气象、农业、医疗及金融等领域已经建立了较完善的体系，发挥了良好的作用，有效避免了人民生命财产损失。结构安全预警是指在灾害或灾难以及其他需要预防的危险发生之前，基于已有规律和监测的数据，评价结构的安全性态现状，并预报结构变形、应力等特征表象的发展趋势，避免危害在不知情或准备不足的情况下发生，从而最大限度地降低危害。

路基安全评价与预警就是利用典型工况条件下获取的监测信息和相应的评价指标，结合监测数据的分析与预测技术，对路基结构已经发生或可能发生的不安全状态进行评价和预报，在此基础上依托路基安全养护管理系统采取有针对性的养护对策避免危险的发生。

6.1　路基安全预警

路基安全预警是指对涉及路基安全的问题，采用一定的手段和方法分析和评价安全性态的现状及发展趋势，预报将要发生的不正常情况及安全隐患。完整的路基安全监测、分析、评价与预警流程如图 6.1 所示。

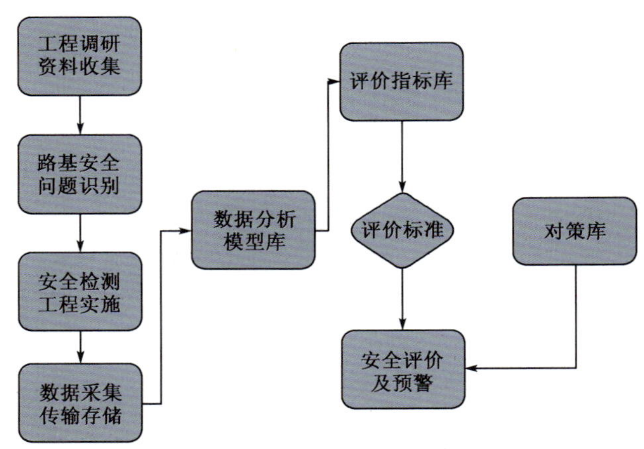

图 6.1　路基安全监测、分析、评价及预警流程

预警的关键是根据警情的轻重缓急，及时发出警度的预报信号。预警的根据是警兆，也就是各种反映安全状态的评价(监控)指标。路基安全预警宜采用分级预警，分级标准的制定应当根据警情的危害程度进行划分。

(1)路基变形指标预警

路基安全预警指标主要是反映路基安全状态的各种评价指标,包括地基位移速率指标 v、地基变形安全系数指标 θ、地基工后沉降量指标 S_t、路基顶面变坡率指标 $\Delta\delta$、基底脱空量指标 $\Delta S_{脱空}$ 以及桥头错台量指标 $\Delta S_{错台}$。

各预警指标所反映出的警兆及警情是不一样的,不同的安全评价指标反映路基处于不同的安全状态,按对应的路基安全病害类型及危害性划分为 A、B、C 三类,如表 6.1 所示。

路基安全预警指标的分类 表 6.1

类别	指标	病损模式	安全危害性
A 类指标	①地基位移速率指标 v; ②地基变形安全系数指标 θ	路基路面整体破坏	威胁驾乘员生命财产安全
B 类指标	①地基工后沉降量指标 S_2; ②路基顶面变坡率指标 $\Delta\delta$	路面大范围损坏	影响交通安全,增加养护成本
C 类指标	①基底脱空量指标 $\Delta S_{脱空}$; ②桥头错台量指标 $\Delta S_{错台}$	路面局部损坏	影响行车舒适性,增加养护成本

运营期路基安全预警的警度可划分为四级,分别为一级预警、二级预警、三级预警、四级预警,分别代表的路基安全状态可以描述为危险、不安全、异常、安全。各预警状态警报信息的发出,取决于三类预警指标的安全评价结果。分级预警与预警指标的安全评价结果关系如表6.2 所示。

路基安全分级预警标准 表 6.2

指标 \ 级别	一级预警	二级预警	三级预警	四级预警
A 类指标	×	○	○	○
B 类指标	—	×	○	○
C 类指标	—	—	×	○

注:1.“×”表示至少有一项该类指标评判为不安全状态。
2.“○”表示所有该类指标评判为安全状态。
3.“—”表示该类指标处于任何状态。

(2)路基冻胀指标预警

以冻胀量指标来预警路基冻胀安全问题,根据监测到的不均匀冻胀量 $\Delta S_{冻}$、冻胀量 $S_{冻}$ 是否超标分为四级预警,如表 6.3 所示。

路基冻胀安全预警指标及标准 表 6.3

指标	路基冻胀安全预警级别及标准			
	破坏	临界	亚健康	健康
$\Delta S_{冻}$	超标	正常	正常	正常
$S_{冻}$	—	超标	正常	正常

(3)路基水毁指标预警

根据洪水位高程指标 h 与路堤边坡相对位置的高低以及洪水流速作用能力,将路基水毁安全分为一级、二级、三级、四级四个预警等级，并采用如表6.4所示的标准对水毁安全进行综合评判。

水毁安全综合评判标准　表6.4

预警标准	低	中等	较高	极高
低	一级	二级	二级	三级
中等	二级	二级	三级	三级
较高	二级	三级	三级	四级
极高	三级	三级	四级	四级

(4)路基安全综合预警

典型工况条件下，路基工程可能发生一种或多种安全问题，结合前述典型安全问题预警指标和分级标准，根据各类安全问题对路基、路面结构及交通安全的影响程度，将综合预警等级也分为安全(四级)、较安全(三级)、较危险(二级)、危险(一级)四个等级。各预警等级所对应的警兆如下。

①路基安全一级预警状态

一级预警状态表明路基综合安全性态处于非常危险的状态，路基结构出现较为严重的稳定安全问题、洪水漫过路基表面等都属于一级预警的范畴。当符合以下条件时为一级预警状态：

a. 路基稳定安全预警状态处于失稳等级；

b. 路基水毁预警状态为危险等级。

②路基安全二级预警状态

二级预警状态说明路基结构安全性态处于较危险的状态，路基整体稳定性处于临界状态、路基存在显著的水毁隐患、路面结构性能严重损坏都属于二级预警的范畴。当符合以下条件时为二级预警状态：

a. 路基稳定安全预警状态处于临界等级；

b. 路基水毁预警状态为较危险状态；

c. 路面结构性能安全预警状态处于破坏等级；

d. 路基冻胀安全预警状态处于破坏等级。

③路基安全三级预警状态

三级预警状态说明路基存在一定的安全问题或者安全隐患，对路基路面的正常工作性能有一定影响，但是这种影响是局部的、不显著的，路基整体安全性态较为良好。符合以下条件为三级预警状态：

a. 路基稳定安全预警状态处于亚健康等级；

b. 路基水毁预警状态为较安全状态；

c. 路面结构性能安全预警状态处于临界或者亚健康等级；

d. 路基冻胀安全预警状态处于临界或者亚健康等级。

④路基安全四级预警状态

a. 路基稳定安全预警状态处于健康等级；

b. 无路基水毁安全问题，或者其预警状态为安全状态；

c. 路面结构性能安全预警状态处于健康等级；

d. 无路基冻胀安全问题，或者预警状态处于健康等级。

6.2　路基安全综合预警与养护决策

通过对目标路基的安全状态进行综合分层预警，了解路基的安全状态等级，并据此制定养护决策。

(1)四级预警与养护决策

当综合预警级别为“四级”时，表明路基结构安全状态良好，无水毁及冻胀安全隐患，则只需要根据《公路养护技术规范》(JTG H10—2009)进行一般性预防养护。

(2)三级预警与养护决策

当综合预警级别为“三级”时，表明路基整体安全状况一般，部分路段存在一定的安全隐患，宜对监测得到的分项指标接近限值的断面进行无损或钻探检测，通过检测确定路基安全隐患的类型、层位及程度，根据确定的安全隐患信息采取有针对性的重点养护对策；同时为了掌握监测指标值的变化情况，应提高安全隐患断面的监测频度。

(3)二级预警与养护决策

当综合预警级别为“二级”时，表明路基安全已达到临界状态，应结合监测结果对个别断面采用应急处治措施，并加大监测采集频率，密切关注处治断面路基稳定状况及相邻隐患断面的病害发展趋势。

(4)一级预警与养护决策

当综合预警级别为“一级”时，表明路基已丧失安全，处于危险状态。首先应设立安全警示标识，应结合监测结果分析原因，并采用不同工况安全养护对策进行处治，必要时对病害路段进行挖除重建。

6.3　路基病害养护对策

运营期公路路基养护总体遵循预防为主、防治结合、因地制宜、经济适用的原则，并分别针对不同公路等级及病害形式，对危及公路通行安全及会对公路设施造成严重损坏的应采取合理的养护对策优先处治。总体而言，路基养护可以分为一般性(功能)养护和安全性(结构)养护，一般性养护是指为满足公路的正常使用功能而对路基及其附属设施进行的日常维护，依照公路养护技术规范规定的各项养护内容及评价指标进行。而路基安全性养护是指对特殊地质、地形或气候条件下易发生结构性安全失稳或存在功能性安全隐患的路基进行的有针对性的专项养护，也就是本文所指意义上的路基安全养护。养护的对象为路基本体，养护的目标是防止路基发生影响正常使用功能和行车安全的较大变形。在明确路基安全养护本质的基础上，从养护时机和养护对策两方面把握路基安全养护的具体原则。

(1)养护时机

养护时机的把握是运营期路基养护工作的前提和关键,养护时机把握得好,不但可以使运营期路基安全事故防患于未然,避免发生车毁人亡的惨剧,而且可以节约大量工程维修养护费用。养护决策的执行应根据不同工况分别采用相应的安全预测模型及安全评价指标和标准,根据运营期路基临界安全判定系数科学决策养护时机。

(2)养护对策

养护对策应充分结合路基安全隐患特征及发生机理,并考虑地形地貌特征和就地取材等因素,采取技术可靠、经济可行的养护对策。

6.3.1 养护时机的确定

路基最佳预养护时机是指在对路基性能检测及安全监测的基础上,以最少的经济投入、较低的交通干扰和环境影响获得最佳的路基使用性能,并最大限度地提高路基使用性能。路基病害形式不同,养护时机的确定方法也不同。

对于变形类路基病害,有两种方式判定路基养护对策实施的时机:一是依据施行实时监测且监测结果稳定可靠路段的监测数据进行判定;二是当监测数据量有限,且无法实时更新监测路段设备的情况下,则应利用预测模型预测时间序列内的位移,根据预测结果进行预警并采取养护对策。

对于非直接变形类路基病害如水毁、冻融等,这类病害的养护时机应综合大气降水量、路基本体内温湿度分布及冲刷与水毁等综合确定养护的时机。

关于养护时机综合确定方法,路面养护研究学者已经开展了深入、系统的研究,并提出了一些养护时机确定的方法,如基于路况方法、费用效益法、排序法、生命周期评估法和决策树法,这些方法多基于单一指标来确定最佳养护时机,对于多指标的情况,可应用物元理论确定路基的养护时机。

将物元理论用于路基安全养护决策就是将路基的效益指标、不同的养护方案及养护时机集合组成的复合物元进行正则化等数学处理,并按照相对优化原则,从养护时机方案的复合物元中选定各特征指标的最大值组成最佳养护时机物元,根据建立的养护时机复合物元,构造相应的关联系数复合物元,并对计算得到的关联系数进行加权处理和排序,最大关联系数对应的养护时机即为最佳养护时机。

在对待评方案进行物元分析时,为了显示不同方案之间的区别,需要将方案各个评价指标的量化结果进行规范化处理,将其值变换到[0,1]区间上。在方案评价指标体系中,同时包含效益与费用两类指标。由于它们属性的差异,所采用的规范化处理方法也不同。

对于效益指标,不失一般性,假设有 m 个效益评价指标,组成评价特征集合 $B=\{B_1,B_2\cdots B_m\}$,有 n 个养护时机方案,组成方案集合 $D=\{D_1,D_2\cdots D_n\}$;x_{ij} 为 D_j 方案第 i 项效益评价指标的计算结果($i=1,2\cdots m;j=1,2\cdots n$),$a_{ij}$ 为其规范化处理的结果。则 a_{ij} 的计算公式如下:

$$a_{ij}=\frac{x_{ij}-\min\limits_{1\leqslant k\leqslant n}\{x_{ik}\}}{\max\limits_{1\leqslant k\leqslant n}\{x_{ik}\}-\min\limits_{1\leqslant k\leqslant n}\{x_{ik}\}}\qquad(i=1,2\cdots m;j=1,2\cdots n)\tag{6.1}$$

对于费用指标，不失一般性，假设有 n 个养护时机方案，组成方案集合 $D=\{D_1,D_2\cdots D_n\}$；x_j 为 D_j 方案费用指标的计算结果，$a_j(j=1,2\cdots n)$为其规范化处理的结果，则 a_j 的计算公式如下：

$$a_j=\frac{\max\limits_{1\leqslant k\leqslant n}\{x_{ik}\}-x_j}{\max\limits_{1\leqslant k\leqslant n}\{x_k\}-\min\limits_{1\leqslant k\leqslant n}\{x_{ik}\}}\qquad(j=1,2\cdots n)\tag{6.2}$$

根据路基安全评价指标确定养护时机方案物元特征 $C_1,C_2\cdots C_m$ 和养护时机必选方案 $D_1,D_2\cdots D_m$，对每一个方案，分别按上述评价指标进行评定，并给出相应的规范化结果 a_{ij} $(i=1,2\cdots m;j=1,2\cdots n)$。由此，上述 m 个评价指标就构成一个 m 维养护时机方案物元 R，把 n 个养护时机方案的 m 维物元组合在一起，就形成 n 个方案的 m 维复合物元 R_n。

$$R=\begin{pmatrix} & D\\ C_1 & a_1\\ C_2 & a_2\\ \cdots & \cdots\\ C_m & \alpha_m\end{pmatrix}\tag{6.3}$$

$$R_n=\begin{bmatrix} & D_1 & D_2 & D_n\\ C_1 & \alpha_{11} & \alpha_{12} & \alpha_{1n}\\ C_2 & \alpha_{21} & \alpha_{22} & \alpha_{2n}\\ \cdots & \cdots & \cdots & \cdots\\ C_m & \alpha_{m,1} & \alpha_{m,2} & \alpha_{m,n}\end{bmatrix}\tag{6.4}$$

$$R_0=\begin{pmatrix} & D_0\\ C_1 & \alpha_{1,0}\\ C_2 & \alpha_{2,0}\\ \cdots & \cdots\\ C_m & \alpha_{m,0}\end{pmatrix}\tag{6.5}$$

按照越大越优的相对优化原则，从 n 个养护时机方案的 m 维复合物元中，选定各特征指标的最大值组成新的 m 维物元，称其为最佳养护时机物元 R_0。

根据建立的养护时机 m 维复合物元，构造相应的关联系数 m 维复合物元 R_{Ln}，见下式。

$$R_{Ln}=\begin{bmatrix} & D_1 & D_2 & D_n\\ C_1 & \alpha_{11} & \alpha_{12} & \alpha_{1n}\\ C_2 & \alpha_{21} & \alpha_{22} & \alpha_{2n}\\ \cdots & \cdots & \cdots & \cdots\\ C_m & L_{m,1} & L_{m,2} & L_{m,n}\end{bmatrix}\tag{6.6}$$

式中：L_{ij}——第 j 个养护时机与最佳养护第 i 个评价指标关联系数（$i=1,2\cdots m$；$j=1,2\cdots n$），可按下式计算：

$$L_{ij}=\frac{\Delta_{\min}+\rho\Delta_{\max}}{\Delta_{ij}+\rho\Delta_{\max}} \tag{6.7}$$

式中：Δ_{ij}——最佳养护时机第 i 项评价指标与第 j 个养护时机相应的指标特征量值之间的绝对差值，即 $\Delta_{ij}=|\alpha_{i,0}-\alpha_{i,j}|$；

$\Delta_{\min}$、$\Delta_{\max}$——物元特征量值绝对差值 Δ 的最小值和最大值，即 $\Delta_{\min}=\min\{\Delta_{ij}\}$，$\Delta_{\max}=\max\{\Delta_{ij}\}(i=1,2\cdots m;j=1,2\cdots n)$；

ρ——分辨系数，一般取 0.5。

关联系数仅反映不同养护时机与最佳养护时机在单项指标上的关联程度，而不能从整体上反映该时机与最佳时机之间的关联程度。为此，需要将各个评价指标的关联系数按其相对重要性进行加权平均，以得到不同养护时机的综合关联度复合物元 RD_{Ln}，如下式所示：

$$RD_{Ln}=W\times R_{Ln}=\begin{bmatrix} & D_1 & D_2 & L & D \\ L_{0j} & L_{01}=\sum_{i=1}^{m}W_iL_{1,2} & L & L_{0n}=\sum_{i=1}^{m}W_iL_{i,n} & \end{bmatrix} \tag{6.8}$$

式中：L_{0j}——综合关联度，即各个养护时机与最佳养护时机之间关联性大小的综合度量；

W——评价指标权重向量。

按照综合关联度进行排序，可以区分各养护时机的优劣，最大关联度对应的养护时机即为最佳养护时机。

6.3.2 高填方路堤稳定性养护对策

此处所指的高填方路堤具有广泛意义。以路堤失稳机理及表现形式为划分标准，将破坏机理和形式与高填方路堤失稳表现一致的，采用相同的安全评价指标进行界定，这一类路堤安全养护对策也具有一般性和广泛适用性。

广泛意义上的高填方路基失稳主要表现为：高填方路基的滑塌、差异沉降等大变形失稳，半填半挖和新旧路基交界等界面处滑移、开裂等失稳，斜坡、陡坡路堤的滑塌、开裂失稳等。不同的路基病害其表现形式及诱发机制也不同，因此，应采取不同的养护对策。

（1）高填方路基病害养护对策

高填方路基主要有边坡滑塌（坡顶局部失稳）及差异沉降变形等病害形式，监测指标主要体现在堤顶横向坡率的变化。因此，在养护过程中以堤顶横向变坡率的变化来决策养护时机和安全预警条件。根据运营期路基安全评价指标及标准的研究结果可知，由于高填方路堤局部不均匀沉降的临界判定标准为变坡率达到 0.5%，所以对于养护时机的把握，我们也以此为准则。当变坡率小于 0.5%时，路基整体结构偏于安全，只需要进行日常的功能性修复，以保证行车质量；当变坡率超过 0.5%时，必须采取变形控制措施，确保路基不发生局部失稳破坏。

针对边坡滑塌的养护对策主要有圬工边坡防护及采用抗滑桩、挡土墙等支挡结构形式，以提高滑移面的抗剪切能力。高填方路基的差异沉降主要采用路基土加固法、砂井法、粉喷桩等形式，通过薄弱路段路基整体强度的提高，使路基变形协调同步，降低路基差异沉降。

①高填方路基边坡滑塌养护对策。

a. 圬工结构边坡防护。

边坡坡面防护的主要目的是防止土质边坡在地表径流及冻融循环作用下坡面的滑塌失稳，主要以稳固坡面土体为主，并以滑塌稳定性分析为基础，确定边坡防护结构的构造要求。坡面防护形式以叠拱、格构等形式最为常用，叠拱可以做成顶部倒三角形（图 6.2），也可以采用圆形拱（图 6.3），根据稳定性分析的抗滑力不同，可以在拱勒处增设锚杆或预应力锚杆进行加劲，以提高圬工护坡的整体抗滑能力。

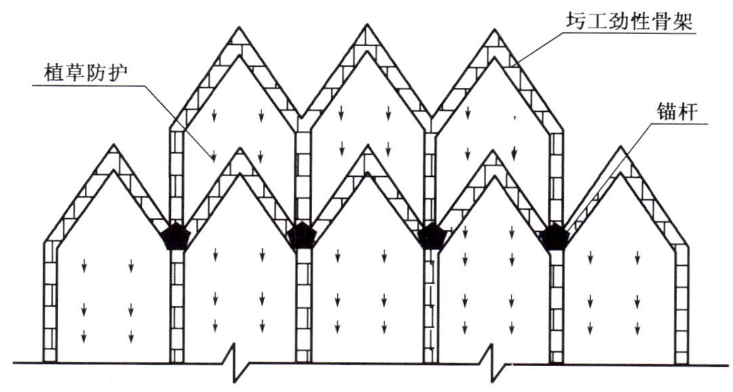

图 6.2　倒三角形叠拱护坡

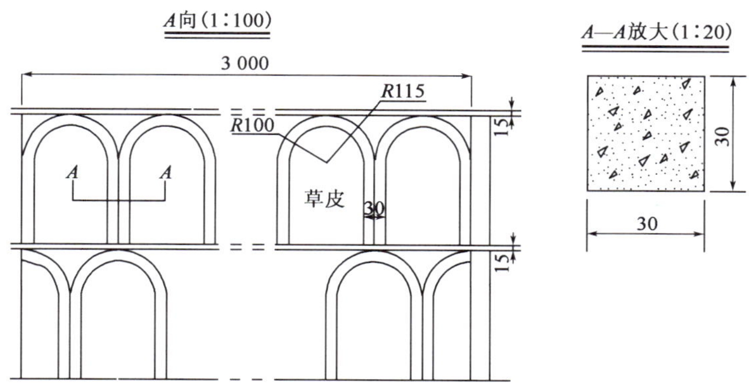

图 6.3　圆形叠拱护坡(尺寸单位:cm)

圬工形式护坡的劲性骨架也可以做成格构的形式，见图 6.4，梁格中间可以采用植草，对于坡度较大的土质边坡，宜用土工格栅对表面覆土进行加固。

圬工结构（植草）边坡防护形式适用于土质边坡，但对于季节性冰冻地区的土质边坡，为了防止春融期边坡防护结构的整体热融滑塌，需要对圬工体进行加固，加固的方式有锚杆、抗滑桩等。

b. 边坡支挡防护。

边坡支挡结构是对滑坡体坡脚进行有效支撑的主动防护措施，对于具有明显滑塌趋势和潜在危害的高填方路堤有显著的抗滑作用。常用的边坡支挡防护结构形式有:挡土墙、抗滑桩以及组合式抗滑系统。应根据预估的滑坡体特征选用适合的支挡防护形式。

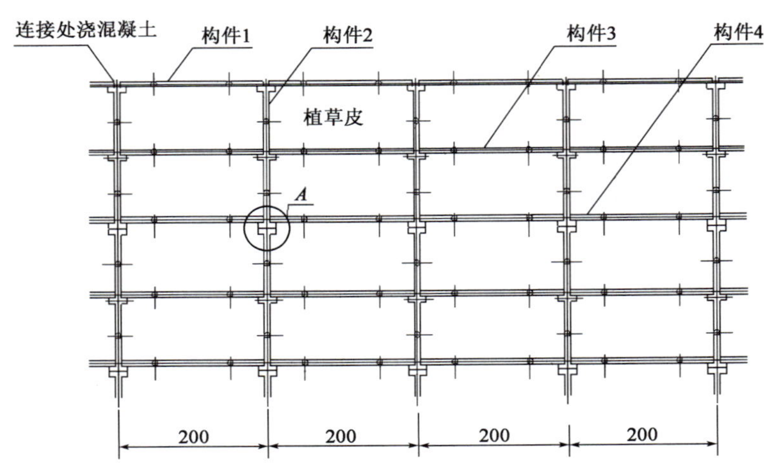

图 6.4　格构式圬工结构护坡(尺寸单位:cm)

②高填方路基不均匀沉降养护对策。

由于高填方路基施工、路基填料的不均匀性以及路基排水不良等原因,导致高填方路基容易发生不均匀沉降病害,影响路面平整度和行车舒适性,严重的则会导致路面开裂,威胁行车安全,降低道路的使用耐久性。目前,针对运营期间高填方路基的不均匀沉降,主要有换土复填、压力灌浆以及采用土工格栅加固土体等养护方法。

(2)半填半挖路基病害养护对策

在此提到的半填半挖路基也是指广泛意义上的路基断面形式,其中,既包括新建道路的横纵断面为半填半挖,也包括新旧路基搭接和拓宽路基的搭接等形式,其路基病害机理相似,且往往表现为路基填挖交界处或搭接处差异沉降导致的纵横向开裂及滑塌失稳。这类路基安全评价指标仍采用堤顶变坡率来表征。不同工况变坡率控制指标亦不同,采取的养护对策结构形式及设置原则也不一样。

对于半填半挖路基,应在施工期间重视搭接面的施工工艺及处治新填筑体基底的处治。运营期的半填半挖路段出现填方部分滑塌病害时,养护措施主要以控制滑塌体为主,常用加固措施主要有抗滑桩、抗滑挡墙等。抗滑桩的设计桩长应能使桩底部位于稳定的持力层,如图 6.5 所示,排布宜呈梅花形(或称菱形)。抗滑挡墙主要采用重力式挡墙,计算滑动力较大时,还应增加锚杆,形成锚杆(索)挡土墙,如图 6.6 所示。

(3)斜坡或陡坡路基病害养护对策

受公路线形限制,山区公路经常出现修筑在斜坡甚至陡坡上的路基。填筑在斜坡或陡坡上的路基,如果施工初期底层处理不当,在自然环境及荷载作用下容易出现局部或整体滑移、不均匀沉降和路面开裂等病害。在运营期间斜坡或陡坡路基安全性评价通常采用变形安全系数指标 θ,即坡脚水平位移与地基沉降的比值,当变形安全系数 θ 小于 0.3 时,需要加强观测坡脚及堤顶的变形。当安全系数 θ 大于 0.3 时，路基发生失稳的概率增大，需要提出安全预警并采取养护措施。

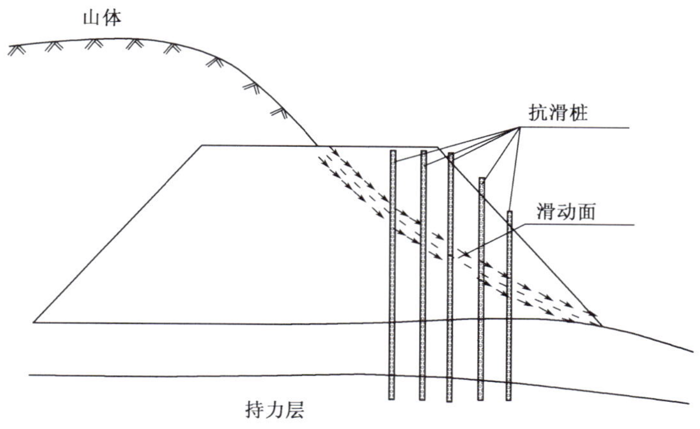

图 6.5　半填半挖断面抗滑桩设置示意图

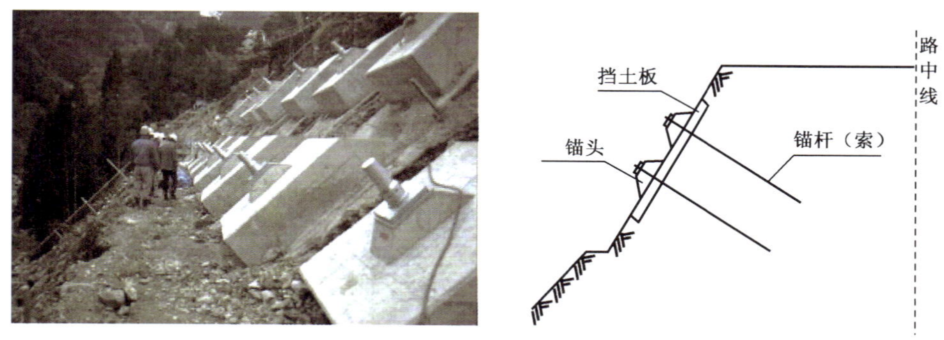

图 6.6　锚杆(索)挡土墙

在对路基进行日常维护时，应重点检查路基排水系统的功能，确保水分不会浸入斜坡与路基填筑体之间。对斜坡或陡坡路基抵抗失稳常采用主动或者被动限制路基的侧向移位及变形，主动措施有在路堤坡脚设置钢筋混凝土侧向约束桩，以抵抗路堤整体侧向滑移。也可以在坡脚增设反压护道或减缓边坡坡率。增设钢筋混凝土侧向约束桩在铁路路基防护中使用过，造价稍高，但具有较高的抗滑力，能明显提高斜坡或陡坡路基的整体抗滑性和稳定性。常用的钢筋混凝土桩有三种类型：

①下坡一侧坡脚附近设置单排钢筋混凝土侧向约束桩；

②当原地基有较厚的软弱层时，除了在下坡一侧坡脚附近设置单排钢筋混凝土桩外，应对原地基采用砂井或塑料排水板，还可以采用碎石桩或粉喷桩加固处理，形成复合地基；

③当路堤处于陡坡路段时，下坡一侧坡脚设置双排钢筋混凝土桩、抗滑挡土墙，以增大抗滑力。不同养护措施应根据斜坡或陡坡路堤抗滑验算确定采用。

(4)路桥过渡段路基养护对策

由于路基和桥涵构造物刚度差异较大，桥涵台背处难以碾压密实，受渗水侵蚀后容易形成桥头沉陷区，造成桥头跳车，不仅影响行车舒适度，威胁行车安全，而且桥头跳车对桥涵造成冲击，加速了桥涵结构性能的衰减。

为了减小台背路基与构造物的不协同沉降变形，施工中通常采取对原地基进行强夯处理，台背换填透水性材料及采用桥头搭板的形式等措施。如前路基安全评价指标及标准章节内容，过渡段路基沉降采用工后短期沉降和总沉降量双指标评价方法。

对运营期间出现严重桥头跳车的路段，主要采用换填新型轻质填料和压力注浆方式进行养护。新型轻质填料通常是指采用轻质颗粒（如聚苯乙烯泡沫颗粒、发泡剂等）与路基土、固化剂等按照一定比例混合、搅拌后所形成的轻型土工材料。这种填料具有轻质性、强度可调节性、高流动性和固化后的自立性、良好的施工性、耐久性和隔热性等优良特性，可以有效降低台背路堤的自重，达到提高路堤的稳定性和减少工后沉降的目的。采取新型轻质填料填筑路堤，还可以从根本上减少地基上倾覆荷载和对桥涵台背的侧向压力，降低路桥刚柔突变，从而解决地基沉降和桥头跳车问题。

换填法需要对原路面进行开挖，对交通影响较大，在交通量较大的路段不容易操作，因此多采用压力注浆技术。压力注浆法修复桥头跳车病害，具有成本低、速度快，对环境影响小，可以提高桥头软地基的承载力，水泥用量少等特点，适用于无法中断交通的桥头跳车养护治理中，是目前处治运营期公路桥头跳车较理想的方法之一。

压力注浆法就是指利用液压或气压把能凝固的浆液均匀地注入填料地层中，浆液以填充、渗透和挤密等方式，驱走土颗粒间的水分和空气后填充其位置，经过一定的时间后，浆液将原来松散的土粒胶结成一个整体，从而使土基得到加固，减少工后沉降。

注浆技术发展到现在，国内外在注浆材料、注浆方法和注浆工艺、注浆机具和设备，注浆效果检查及技术标准等诸多方面都取得了长足的进步。压力注浆加固桥头过渡段填料在公路建设上得到了较为广泛的应用，许多公路沉降较大的地段及桥头路堤均采用了注浆处治，从后期应运观测来看，与同期建设的其他路段相比，路基的不均匀沉降明显减少。

6.3.3 软土地基路基安全养护对策

在软土地基上填筑路基时，勘察设计阶段就应详细调查不良地层厚度，对不良地基土样进行物理力学指标测定，并结合路基填筑高度及交通量预测结果，提出有效的地基处治和加固方案。施工中应控制路基填筑速率、堆载预压等填筑工艺，加强施工期间的监测。

但由于部分路段对地基变形特性预估不足或施工过程中路基填筑质量无法得到有效控制，运营后的软土地基路基由于地基的不稳定导致路基不均匀变形、路面开裂和局部沉陷等病害。对于运营期间的软土地基路段，首先应加强日常维修和养护，典型路段应定期检测。由于对所有软土地基进行长期监测数据量大，成本高，一般难以做到，因此，对软土地基段路基病害宏观表现前的定期检测是保障运营期路基安全的必要手段。对软土地基的检测通常采用探地雷达、瑞雷波等地质勘探设备，必要时可结合钻探分析软土地基固结程度、地下水位变化及路基含水率分布等，对检测结果进行科学分析和综合判定。对于查明有病害发生隐患或路基内部已经产生微观病害的路段，应选择典型断面布设长期监测设备，监测指标包括坡脚和坡顶横向位移、坡顶竖向位移及路基横向位移变化等。根据上述监测内容，结合路基安全评价标准，采取相应的养护对策。

(1)软土地基路基沉降速率控制对策

运营期软土地基路基沉降速率过大,往往造成路基整体或局部失稳,引起路面开裂、沉陷等病害。运营期软土地基路基沉降速率过大有两方面的原因:一是由于施工过程中路基填筑速率过快,造成地基应力来不及释放,孔隙水压承担了很大部分的有效应力,随着路基投入运营时间延长,孔隙水压逐渐消散,地基产生沉降变形。二是由于路基本体产生压缩变形导致的沉降速率过大,主要是由于施工质量差,没有达到满足要求的压实度造成的。

①软土地基主动加固方法。

对于由软土地基造成的路基沉降速率过快问题,通常采用加强地基承载力的主动控制措施,如地基深层排桩挤密、胶结法(如注浆法、水泥土搅拌法和化学加固法等),构造复合地基以改善原地基的承载能力。

a. 地基深层排桩挤密法。

利用挤密或振动使深层土密实,并在振动或挤密过程中,回填砂、砾石、碎石等,形成砂桩、碎砾石桩,与桩间土一起组成复合地基,从而提高地基承载力,减小沉降。软土地基加固多采用碎砾石桩和粉喷桩等。

b. 胶结法。

注浆法:将带有特殊喷嘴的注浆管,通过钻孔置入处理土层的预定深度,然后将浆液(常用水泥浆)以高压冲切土体。在喷射浆液的同时,以一定的速度旋转提升,即形成水泥土圆柱体;若喷嘴提升而不旋转,则形成墙状固结体,加固后可用以提高地基承载力,减小沉降。

水泥土搅拌法:水泥土搅拌法施工时分湿法(也称深层搅拌法)和干法(也称粉体喷射搅拌法)两种。湿法是利用深层搅拌机,将水泥浆和地基土在原位拌和;干法是利用喷粉机,将水泥粉或石灰粉与地基土在原位拌和。搅拌后形成柱状水泥土体,可提高地基承载力,减少沉降,增加地基稳定性。

化学加固法:用气压、液压或电化学原理,把某些能固化的浆液注入各种介质的裂缝或空隙中,以改善地基的物理力学性质。

②软土地基路基被动稳定方法。

若由于软土地基路基本体压缩导致的沉降速率过快,养护对策应是针对路基本体的稳定措施,具体措施与高填方路基不均匀沉降病害的养护类似,主要通过换土复填、灌浆加固及路基边坡挖开剖面采用土工格栅加固等措施。

(2)软土地基路基坡顶横向位移控制对策

软土地基路基坡顶发生横向位移增长速率过大主要表现在两方面:一是由于软土地基受到路基填土及行车荷载作用,不良土质层受到挤压不均匀推移,路基多表现为局部路段的横向滑移失稳;二是当软土地基上填筑路基高度超过 18m 且地基较稳定时,软土地基上的路基可视为高填方路基,横向位移主要是由于路基土本体抗剪能力不足而产生边坡滑塌等失稳。

由软土地基原因导致路基坡顶横向位移增长速率过大时主要采取被动控制措施,如实施反压护道及采取大体积圬工结构以减小地基的受挤压程度而向两侧变形。这两种措施均可在不影响通车的条件下对运营期路基实施,首先应对软土地基侧向推挤力进行预估计算,确定反压护道的宽度和填高，或圬工防护的尺寸及基础埋置深度。

对于软土地基上的高填方路基坡顶横向位移的控制措施和边坡边坡滑塌采取的对策类似，坡体防护主要有边坡坡体的防护和边坡结构支挡。

对软土地基路基的养护尤其应注重防护结构的整体变形监测，这将关系到养护措施实施的是否合理有效，根据路基及养护结构的监测结果，判定软土地基路基的长期稳定性。

6.3.4 季节性冻土区路基安全养护对策

我国季节性冻土区面积超过50%，遍及北方十几个省份。季冻区路基的冻害养护是运营期路基安全养护的重要组成部分。季冻区路基典型病害有不均匀冻胀、冻胀开裂、冻融翻浆及路基边坡的冻融滑塌等。病害养护首先应详细调查病害路段水文地质情况，路基排水系统的完善性，结合病害特点进行针对性养护。

(1)不均匀冻胀及冻胀开裂

对于不均匀冻胀变形不超过6mm和最大冻胀变形不超过4cm的路段，通常路面不会产生冻胀开裂，但不均匀冻胀变形会造成路面平整度下降，影响行车安全。对于这类路段应提前设立警示和限速标识，提醒过往车辆注意减速。在查明冻胀路段路基排水情况、路基填料和填土高度，分析不均匀冻胀产生原因的情况下，有针对性地对路基排水等附属设施进行维护，对于连续出现不均匀冻胀较长的路段，还应将面层铣刨重新铺面。对于冻胀变形超限或出现纵向开裂的路段，首先应选择灌缝胶、热沥青或冷补沥青进行封缝处理，防止路表水进入基层或路基。若病害路段路基冻胀敏感性较强，应查明冻害原因，并选择典型断面设置监测点进行长期观测。

(2)冻融翻浆

冻融翻浆是对季冻区公路行车影响最大的冻害形式。发生翻浆的路段往往路面已经损坏，有的路段只处治路面难以根治，因此，应根据翻浆的原因采取不同的养护对策。由于路面养护不及时而造成的路基偶发性翻浆，翻浆只发生在路床以上部分，主要是由于路面养护不及时，水分沿路表损伤进入路床，病害是由外向内发展，养护时可只进行浅层处治，处治深度至翻浆层底部，换填级配良好的砂砾、碎石等透水性材料，进行夯实；或设置EPS隔温层。对于由于路基结构原因或构造物设置不合理造成的冻融翻浆，只采取浅层处治往往难以根治。有条件时需补充设置过水涵洞，完善路基排水系统。否则，需要将路床范围内的土全部挖除并夯实基底。

(3)路基下边坡冻融滑塌

季冻区土质路基边坡在春融期易发生冻融滑塌破坏，发生破坏的路基通常边坡坡度较大且无边坡防护设施或防护设施基础埋置深度不合理。对于没有设置防护结构的边坡，应合理设置边坡防护形式，圬工防护节点处基础应埋置在稳定层下至少0.5m，以保证防护结构的整体稳定性。

通过低路堤土基物理参数监测、动载测试、路基无损检测和钻探取样调查表明，季冻区运营期低路堤安全不容忽视，虽然低路堤的失稳不是突发性的，但是一旦病害发生，在冻融作用频繁的春融期不利季节，将会严重恶化道路通行条件，降低道路行车的平顺性和安全性，而且这种病害属于整体结构性损坏，处治需耗费大量养护维修资金。病害路段路基含水率分布见图 6.7，路基土颗粒分析见图 6.8。

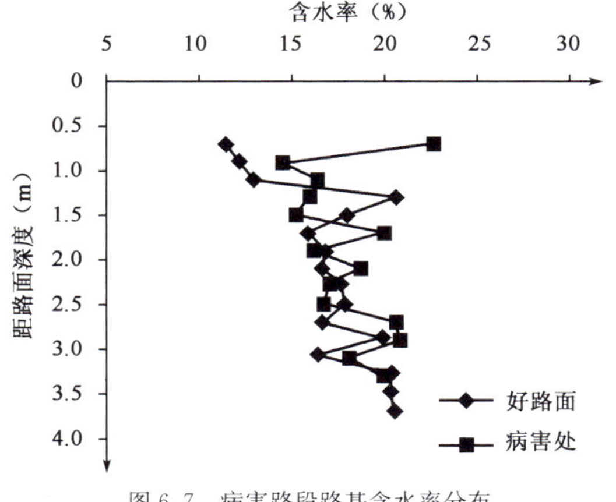

图 6.7　病害路段路基含水率分布

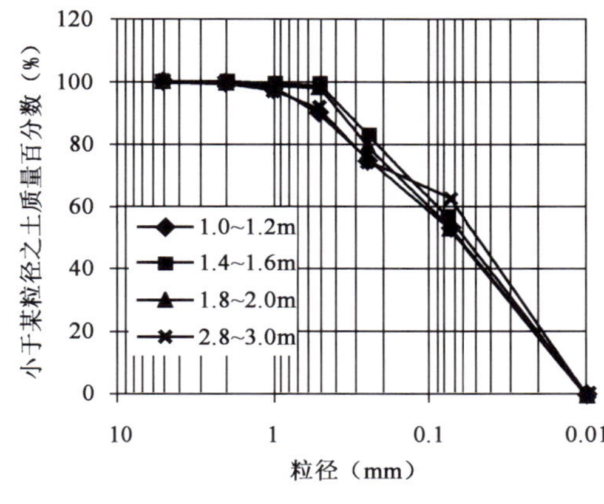

图 6.8　路基土颗粒分析

6.4　不同路基病害养护对策的适用性分析

不同路基病害的养护措施其适用条件和范围也不同，养护对策的选择应从病害机理出发，针对路基病害的表现特征采取适宜的养护措施。同时，对养护路段除了重视路基本体的监测外，还应加强养护结构的变形、应力监测。

6.4.1　路基变形控制对策适用性

路基边坡局部失稳造成的路基变形应以控制变形发展的被动处治为主，坡体防护措施如拱形护坡、植物骨架护坡等适用于边坡抗冲刷或土体抗剪强度不足引起浅表层滑塌等病害，失稳滑移面在防护结构作用区深度内。但对于季节性冰冻地区的土质边坡，还应注意防护结构的作用区深度与边坡土冻融影响深度的关系，防护结构除了能够满足控制路基局部失稳变形要求外，还应满足防护结构自身与边坡土体的整体冻融稳定性要求，必要时，可增加对防护结构的防滑塌措施，如加设锚杆和抗滑桩等。对于滑移面距离路表或边坡表面较大的深层滑移变形引起路基边坡局部失稳，此时虽然病害表现形式为局部失稳，但对路基整体失稳破坏的影响的可能性非常大。路基最终的破坏形式与半填半挖、填挖交界路基的整体性失稳类似，此时，边坡防护措施往往是不能奏效的，而应采取与高填方、半填半挖、填挖交界及新旧搭接路基类似的养护对策，如抗滑桩、抗滑挡墙等。

对于由地基失稳造成的路基变形应以控制地基变形、提高地基承载能力的主动加固措施或与路基支挡防护协同作用的组合式防护形式为主，控制地基变形的措施有化学胶结稳固法和粒料桩复合地基法等。

6.4.2　路基不均匀沉降控制对策适用性

在查明和分析路基发生不均匀沉降机理的基础上，结合现场地形地貌特点而采取针对性的养护对策。对于由于软弱地基引起的路基不均匀沉降，按照前文所述加固地基的措施进行，同时应借助检测手段分析不良地基的分布特点及物理力学性质，以确定不同地基加固方法的合理性和有效性。填挖交界路基的不均匀沉降仍以控制填方一侧路基本体的滑移变形为主，养护措施同高填方和半填半挖等路基养护对策。对于行车荷载引起的路基不均匀沉降，病害原因往往比较复杂，可能为路基本体强度不足导致，也可能由地基强度差异所致，养护以加强地基或路基强度为主，如采用粉喷桩等，同时限制重载车辆对路基结构的破坏。对于非沿河桥头引道路基差异沉降的养护对策以加强路基的原则为主，可采取袖阀管注浆等技术。关于沿河桥头路基差异沉降，通过对运营期台背路基病害调查结果显示，部分沿河路基受到冲刷作用侵蚀，台背路堤填料冲刷流失导致台背路堤沉降。因此，由冲刷导致的沿河桥涵台背路基的沉降应进行路基边坡的抗冲刷防护，包括锥坡的冲刷防护、桥台基础石笼防护等。

6.4.3 路基冻胀养护对策适用性

季冻区路基本体冻胀的三个主要影响因素为温度、水分和土质类型，养护对策也是从调整和改善冻胀三方面影响因素着手进行表面功能性修复和路基结构深层处治。功能性修复措施：冷补或热沥青灌缝、灌封胶等适用于修补宽度在 5mm 以内的冻胀裂缝，缝宽超过 5mm 时，应进行扩缝处理，并采用细粒式沥青混合料进行修补。裂缝修补的目的是防止路面表面水浸入路基内部，为了防止路基边坡水分渗入路基，还应加强排水边沟的养护。结构性修复措施：发生冻融翻浆病害的路段往往结构层也已经破坏，养护措施不单采用功能性维修，还要将整个破碎的路面结构挖除，路基重新换填砂砾类材料或采用石灰处治并夯实，同时深挖两侧排水边沟，降低路基水位，排水不良路段还应加设排水涵洞。考虑路面基层结构养生和路基压实的因素，结构性修复只能在春融期温度回升以后进行。

6.5 路基安全养护管理系统

在认识到“重建设，轻养护”引发的不良影响之后，我国公路养护技术和手段取得了长足的进步，尤其是在路面、桥梁养护方面，研发出适用于不同场合和工程需求的养护管理系统，正在公路养护行业内不断推广和使用。相对而言，路基安全养护在技术和手段方面较为滞后。不可否认，路基安全养护技术的落后是路基安全养护手段落后的制约因素。

为满足公路路基的经常性、及时性和超前性养护需求，规范养护管理工作，为公路路基养护管理提供先进的、科学的信息化手段，做到及时、准确地掌握路基目前状况，快速查询原始技术档案及养护维修资料，并及时上报、决策，快速做出反应，以实现养护管理规范化、标准化、科学化为目标，开发出了路基安全养护管理系统。

6.5.1 系统总体框架

路基结构安全监测与养护管理系统总体框架见图 6.9，由于系统架构复杂庞大，单纯使用结构化设计很难真实反映实际路基安全养护管理需求，在系统总体设计过程中引入了面向对象的程序设计方法，忽略掉与路基安全养护管理系统无关紧要的细枝末节问题，专注于系统重要的特性。结合路基养护管理的实际，路基安全养护管理系统分为信息采集系统、信息处理系统和决策辅助系统，其中信息采集系统是确定监测路段、录入监测对象基本信息并采集监测项目的具体数据；信息处理系统是对采集数据进行预处理、数据分析预测及评价；决策辅助系统是预警及对策。通过上述系统的有机结合，实现了安全隐患判定、安全监测数据录入、安全监测信息查询、数据预处理与信息提取、数据分析与处理、路基安全综合评价及预警模块、路基安全养护对策等功能，可以满足路基安全养护与管理需求。

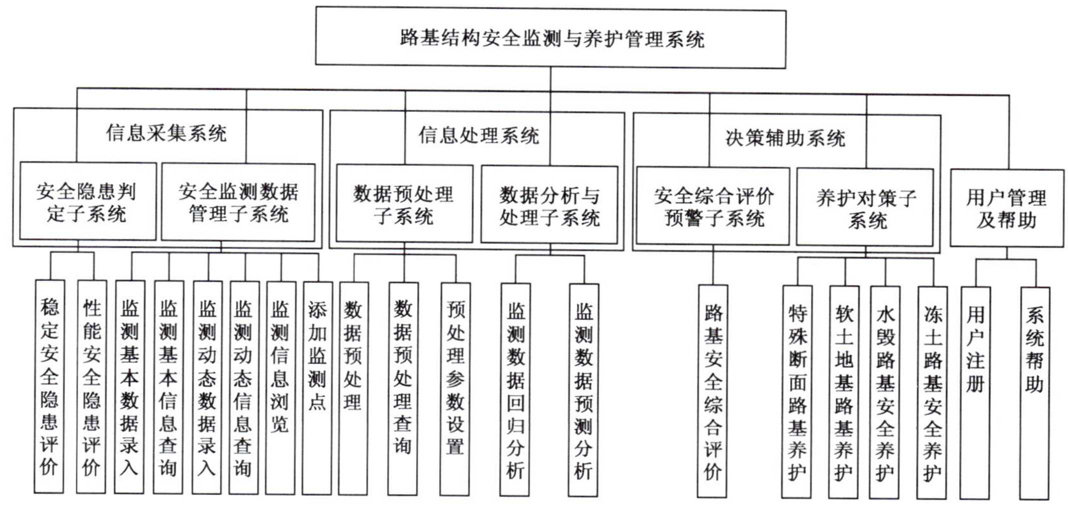

图 6.9 路基安全养护管理系统总体框架

6.5.2 系统结构

路基结构安全监测与养护管理系统的子系统和模块采用结构化程序设计思想，强调了具体功能分解和模块化处理。基于功能模块分解方法，以路基安全养护管理系统总体框架和系统流程图为准则，将子系统和模块设计成若干个黑盒子，明确定义的模块内子程序和模块接口的实现细节，对于其他模块内的子程序和模块接口是隐蔽的，保证了路基结构安全监测与养护管理系统和子系统模块之间、子系统内部模块之间的弱耦合性。在模块分解时可采用自顶向下的分解和自底向上合成的方法。将安全隐患判定、安全监测数据管理、数据预处理与信息提取、数据分析与处理、路基安全综合评价及预警、路基安全养护对策子系统分别进行自顶向下分解和逐步求精，从每个子系统功能的简略说明出发，将一个复杂的问题分解成许多小的子问题，再分解每个子问题，直至全部子问题的实现比再分解实现更容易为止。

路基结构安全监测与养护管理系统界面如图 6.10 所示，包括用户使用路基结构安全监测与养护管理系统的所有功能，分为安全隐患判定、安全监测数据录入、安全监测信息查询、数据预处理与信息提取、数据分析与处理、路基安全综合评价及预警模块、路基安全养护对策功能及用户管理和系统帮助功能。

(1)路基安全隐患判定子系统

路基安全隐患判定子系统是在监测工作开展之前，依据全线路基的勘查和调研资料，对路基病害隐患进行分析和评判，确定存在较大安全隐患的路基结构。

图 6.10 路基结构安全监测与养护管理系统界面

(2)路基安全监测数据管理子系统

该系统由 5 个子模块构成,用于对数据库中的 14 张数据表进行数据输入。各模块具有数据库常规的录入、修改、删除等功能,并具有简单的数据检索功能。

(3)数据预处理与信息提取子系统

数据预处理与信息提取由数据预处理、数据预处理查询和参数设置模块三部分内容组成。

(4)数据分析与处理子系统

数据分析与处理子系统包括沉降监测数据、位移监测数据回归分析及预测分析查询。

(5)养护对策子系统

养护对策模块,输入特殊断面形式路基安全养护对策、软土地基路基安全养护对策、水毁路基安全养护对策和冻土路基安全养护对策具体对应的内容。

(6)安全综合评价预警子系统

根据指标特征值(定性地确定等级、定量地填入数值),按照各层次指标隶属度确定和权重,按照模糊分析,计算得出最上一层指标的特征值和等级值,然后就可以出现评价等级结果和建议。

6.5.3 系统开发软、硬件环境

"路基安全养护管理系统"的开发工具为 Microsoft Visual Studio 2010,采用 C# 开发语言。Visual Studio 2010 是微软公司推出的开发环境,是目前最流行的 Windows 平台应用程

序开发环境，提供集成开发环境、开发平台支持、测试工具等。C＃是简洁、现代、通用的面向对象的高级程序设计语言，旨在实现满足用户复杂需求，开发出强大功能的应用系统。

“路基安全养护管理系统”的数据库系统选用了 Microsoft SQL Server 2008R2。SQL Server 2008 R2 是至今为止的最强大、最全面和最成熟的 SQL Server 版本，Microsoft Visual Studio 2010 开发环境能够与 SQL Server 数据平台完美结合，能够安全、可靠和可扩展地运行最关键任务的应用程序，降低系统管理数据的时间和成本，满足目前和将来管理和使用数据的需求。

在程序编制中广泛采用了 ActiveX 技术，主要表现在应用程序对 Microsoft-Office 2003 软件包、Dev 中间件和 Matlab 软件的调用和混合编程。利用 DevExpress 中间件强大的开发能力，使得开发出的系统功能丰富、应用简便、界面美观、可方便定制。Matlab 软件在数学类科技应用软件中在数值计算方面首屈一指，故用 MATLAB 来解决系统中复杂数学运算问题，通过 C＃和 MATLAB 混合编程实现回归和预测功能。

系统软件环境如下：

①操作系统：Windows2000/XP/Vista/Win7。

②数据库：Microsoft SQL Server 2008。

③相关软件：Microsoft-Office 2003 软件包、Dev 软件和 Matlab 软件包。

④开发工具：Microsoft Visual Studio 2010 旗舰中文版。

系统应用硬件环境如表 6.5 所示。

系统应用硬件环境表 表 6.5

硬件名称	要　求	硬件名称	要　求
CPU	CPU P4 或更高	显卡	能够支持 1 366×768 分辨率
HardDisk	≥4G	打印机	1 台，喷墨/激光（复杂图表打印）
显示器	分辨率达到 1 366×768		

参考文献

[1] 中华人民共和国行业标准. JTG D50—2006 公路沥青路面设计规范[S]. 北京:人民交通出版社,2006.

[2] 中华人民共和国行业标准. JTG D20—2006 公路路线设计规范[S]. 北京:人民交通出版社,2006.

[3] 中华人民共和国行业标准. JTG D30—2004 公路路基设计规范[S]. 北京:人民交通出版社,2004.

[4] 中华人民共和国行业标准. JTG/T D32—2012 公路土工合成材料应用技术规范[S]. 北京:人民交通出版社,1998.

[5] 中华人民共和国行业标准. JTG H10—2009 公路养护技术规范[S]. 北京:人民交通出版社,2009.

[6] 中华人民共和国行业标准. JTG/T D31—02—2013 公路软土地基路堤设计与施工技术规范[S]. 北京:人民交通出版社,1996.

[7] 中华人民共和国行业标准. JTG 79—2002 建筑地基处理技术规范[S]. 北京:人民交通出版社,2002.

[8] 中华人民共和国行业标准. JTG F10—2006 公路路基施工技术规范[S]. 北京:人民交通出版社,2006.

[9] 交通部第二公路勘察设计院. 路基[M]. 2 版. 北京:人民交通出版社,2004.

[10] 西部交通建设科技项目. 草炭土地区公路建设技术研究[J]. 2001.

[11] 陈东丰. 草炭土地区公路沉降变形特性研究[D]. 第四届全国公路科技创新高层论坛论文集.

[12] 陈东丰. 草炭土地区公路使用状况及病害分析[J]. 公路交通科技,2005.

[13] 西部交通建设科技项目. 西部季冻区路基土冻胀破坏机理及防治技术研究[D]. 2007.

[14] 赵久柄. 对桥台背路基沉陷病害原因及防治措施的探讨[J]. 西安公路交通大学学报,1998,18(4B):249-252.

[15] 王蓉,陈洪凯. 沟埋式箱涵两侧填土发生沉降时的结构计算[J]. 重庆交通学院学报,2002,21(1):88-92.

[16] 唐红梅,陈洪凯,等. 用弹性地基梁法进行沟埋式箱涵的结构计算[J]. 地下空间,2002,21(1):88-92.

[17] 周一勤,吴连勋. 地基不均匀沉降对箱涵内力影响的结构计算[J]. 中南公路工程,2002,27(3):1-3.

[18] 陈少平. 软土地区小桥涵桥台路基沉降拟合处理方法[J]. 中国地质大学学报,2001,26(4):365-367.

[19] 刘琳,傅鹤林. 粉喷桩加固软土地基的应用研究[J]. 西部探矿工程,2000,1:48-49.

[20] 张定. 碎石桩复合地基的作用机理分析及沉降计算[J]. 岩土力学,1999,20(2):81-86.

[21] 郭蔚东,钱鸿缙.饱和黄土碎石桩地基沉降计算[J].土木工程学报,1989,22(2):13-17.

[22] 郑祥斌,张才千.深厚软土地区搅拌桩复合地基的沉降计算与实测分析[J].湖北地矿,2000,14(2):34-39.

[23] 籍利民.深厚搅拌水泥桩在湿陷性黄土地基中的应用[J].科技情报开发与经济,2001,1(4):117-118.

[24] 张小朋,任秀生.加筋砂石垫层在工程实践中的应用[J].山西电力技术,1998,2:47-50.

[25] 牛志荣.加筋卵石垫层在地基加固工程中的应用[J].岩土力学,2001,22(2):195-198.

[26] 冯忠居,方贻立,龚坚城,等.高等级公路桥头跳车的危害及其机理的分析[J].西安公路交通大学学报,1999,19(4).

[27] 罗广发,李立峰,陈昌富,等.软土地基桥台的病害及受力分析[J].重庆交通学院,2003,22(2):72-75.

[28] 刘奉银,赵然,谢定义,等.黄土高填方路堤沉降分析[J].长安大学学报(自然科学报),2003,23(6):23-28.

[29] 颜春.填方路基不均匀沉降原因分析及处治措施[J].重庆交通学院学报,2003,22(1):63-68.

[30] 张嘉凡,张慧梅.软土地基路基不均匀沉降引起路面结构附加应力[J].长安大学学报(自然科学版),2003,23(3):21-25.

[31] 付宏渊.土工格网处理桥头跳车设计的现场试验分析[J].中外公路,2001,21(4):64-66.

[32] 郑健龙.桥台台背填土加筋的竖向布网间距设计方法研究[J].中国公路学报,1999 ,12:55-61.

[33] 叶见曙.桥头引道工后沉降控制标准的研究[J].东南大学学报,1997,27(3):13-16.

[34] Seed H B, Chan C K. Effect of duration of stress application on soil deformation under repeated loading[A]. Proceedings 5th International Congress on Soil Mechanics and Foundlings: Vol 1 [C]. Paris: Dunod, 1961: 341-345.

[35] H. B. Seed et al. Clay strength under Earthquake Loading Condition. Journal of the Soil Mechanics and Foundations Division. ASCE, 92(SM2), 1996.

[36] Fujiwara H, et al. Consolidation of alluvial clay under repeated loading. Soils and Foundations, 1985, 25(3):19-30.

[37] C. L. Monismith et al. Permanent deformation characteristics of subgrade soils due to repeated loading[A]. TRR 537, TRB [C]. Washington D C: 1975:1-7.

[38] Ramsamooj et al. Theoretical prediction of rutting in flexible pavement subgrades. Can. Geotech. J. 1992: 29, 765-778.

[39] Hyodo M, Yasuhara K. Consolidation of alluvial clay under repeated loading[J]. Soils and Foundations, 1985, 25(3): 19-30.

[40] 王峻,等.黄土场地震陷量的试验预测[J].西北地震学报,1997, 19(2): 62-66.

[41] 佘跃心,等.饱和黄土孔压增长模式与液化机理试验研究[J].岩土力学,2002,23(4):395-398.

[42] 白冰, 刘祖德.冲击荷载作用下饱和软粘土孔压增长与消散规律[J].岩土力学. 1998,

19(2)：33-38.

[43] 杨起敬. 周期荷载作用下软土本构关系及变形预测的研究[D]. 武汉水利电力大学,1990.

[44] 张兴强,等. 路堤填料动力参数对路基沉降影响分析[J]. 公路. 2000(8)：28-32.

[45] 周健,等. 动力荷载作用下软粘土的残余变形计算模式[J] 岩土力学,1996,17(1)：54-60.

[46] 邱延峻,孙振堂. 柔性路面路基土的永久变形[J]. 西南交通大学学报,2000,35(2)：116-120.

[47] 凌建明,王伟,邬洪波. 行车荷载作用下湿软路基残余变形的研究[J]. 同济大学学报,2002, 30(11)：1315-1320.

[48] 张兴强,等. 交通荷载作用下加筋道路机理分析[J]. 岩土工程学报. 2001, 23(1)：94-98.

[49] 洪毓康. 土质学与土力学[M]. 北京：人民交通出版社,1990.

[50] 陈建军. 高路堤不均匀沉降对半刚性基层结构的影响[J]. 华东公路,1990 (4)：6-9.

[51] 张起森. 道路工程有限元分析法[M]. 北京：人民交通出版社,1983.

[52] 王勖成, 邵敏. 有限单元法基本原理和数值方法[M]. 北京：清华大学出版社,1996.

[53] 邬洪波. 行车荷载作用下湿软路基残余变形的研究[D] . 上海：同济大学,2001.

[54] 姜荣泽,黄鉴麟. 上海高速公路软基处理技术浅谈[J]. 全国道路工程青年学术交流会论文集,1997.

[55] 范燕红,王德华. 碎石桩复合地基沉降计算方法的对比分析[J] . 四川建筑科学研究. 2000,6.

[56] 周德泉,等. 水泥粉喷桩复合地基承载力分析及原型实验研究[J]. 长沙交通学院学报,2000. 3(1).

[57] 刘景政,杨素春,钟冬波. 地基处理与实例分析[M]. 北京：中国建筑工业出版社,1998.

[58] 杜子学. 基于乘用车型平顺性分析的新指标[J]. 西南交通大学学报,2000,35(2)：152-154.

[59] 同济大学,上海市公路管理处. 高等级道路桥头引道沉降处理辅助决策研究[R]. 2001,6.

[60] 周志刚,等. 公路土工合成材料设计原理及工程应用[M]. 北京：人民交通出版社,2001.

[61] 郭大华. 土工合成材料在公路软基处理中的应用与设计[J]. 土木工程学报,2001,6(3).

[62] 倪文源. 高强度塑料土工网加固软土地基的研究与实践[J]. 上海港科技,1997,6.

[63] Hyodo,M. and Yasuhara,K. Analytical procedure for evaluating pore-water pressure and deformation of saturated clay ground subjected to traffic loads. Proc. 6th Int. Conf. on Num. Meth. in Geomech：653-658 .

[64] 凌建明, 邬洪波. 行车荷载作用下路基顶面竖向应力动力模式的研究[J]. 同济大学学报,2001.

[65] 萨师煊,王珊. 数据库系统概论[M]. 北京：高等教育出版社,1991.

[66] 胡荣,喻宁. AutoCAD 开发工具[M]. 北京：人民邮电出版社,1999.

[67] 李世国. AutoCAD 高级开发技术[M]. 北京:机械工业出版社,1999.
[68] 汽车平顺性随机输入行驶试验方法(GB 4970—85)[M]. 中华人民共和国机械工业部.
[69] 王士同. 模糊系统、模糊神经网络及应用程序设计[M]. 上海:上海科学技术文献出版社,1998.
[70] 姚祖康. 路面[M]. 2 版. 北京:人民交通出版社,1998.
[71] 赵鸿铎, 彭波. 上海市公路超载与超限调查分析报告[R]. 2001.
[72] 河海大学,等. 交通土建软土地基工程手册[M]. 北京:人民交通出版社,2001.
[73] 侯学渊,等. 软土地基变形控制设计理论和工程实践[M]. 上海:同济大学出版社,1996.
[74] 刘景政,等. 地基处理实例与分析[M]. 北京:中国建筑工业出版社,1998.
[75] 岩土工程手册编写委员会. 岩土工程手册[M]. 北京:中国建筑工业出版社,1994.
[76] 高速公路丛书编委会. 高速公路路基设计与施工[M]. 北京:人民交通出版社,1998.

索　　引

注:按首字汉语拼音排序